光明社科文库
GUANGMING DAILY PRESS:
A SOCIAL SCIENCE SERIES

·经济与管理书系·

协调发展下的
黄石跨区域合作研究

聂亚珍 | 著

光明日报出版社

图书在版编目（CIP）数据

协调发展下的黄石跨区域合作研究 / 聂亚珍著 . --
北京：光明日报出版社，2021.6
ISBN 978 - 7 - 5194 - 6106 - 5

Ⅰ.①协… Ⅱ.①聂… Ⅲ.①城市群—区域经济发展
—研究—黄石 Ⅳ.①F299.276.34

中国版本图书馆 CIP 数据核字（2021）第 094771 号

协调发展下的黄石跨区域合作研究

XIETIAO FAZHAN XIA DE HUANGSHI KUA QUYU HEZUO YANJIU

著　　者：聂亚珍

责任编辑：刘兴华　　　　　　　　责任校对：云　爽
封面设计：中联华文　　　　　　　责任印制：曹　净

出版发行：光明日报出版社
地　　址：北京市西城区永安路 106 号，100050
电　　话：010 - 63169890（咨询），010 - 63131930（邮购）
传　　真：010 - 63131930
网　　址：http://book.gmw.cn
E - mail：liuxinghua@gmw.cn
法律顾问：北京德恒律师事务所龚柳方律师

印　　刷：三河市华东印刷有限公司
装　　订：三河市华东印刷有限公司
本书如有破损、缺页、装订错误，请与本社联系调换，电话：010-63131930

开　　本：170mm×240mm
字　　数：125 千字　　　　　　　　印　　张：12
版　　次：2021 年 6 月第 1 版　　　印　　次：2021 年 6 月第 1 次印刷
书　　号：ISBN 978 - 7 - 5194 - 6106 - 5
定　　价：85.00 元

前　言

　　跨区域协调发展已成为世界经济发展的必然趋势。跨区域协调发展，可以实现空间集聚、制度突破，打破区域行政壁垒，推动各地充分发挥比较优势，极大地提高区域经济发展的总体效率，有力减少成本。以武汉为中心的我国区域发展已从过去的单个区域发展，转向推进多区域跨区域协调发展，通过深化区域合作，通过促进要素有序流通，激发区域发展活力。我国已形成长江三角洲区域一体化、京津冀协同发展、长江经济带发展、粤港澳大湾区建设的四大跨区域协调发展的区域发展总体格局。"跨区域"协调是四大区域战略最明显的特征，即打破区域行政壁垒，构建新时代区域协调发展的新机制，它有利于推动各地充分发挥比较优势，极大地提高区域经济发展的总体效率。

　　国家发改委城市中心总工程师、国土产业交通规划院院长张国华此前表示，与发达国家城市对比，我国城市边界交流成本较高，跨区域发展打破壁垒是必然的发展路径。以粤港澳湾区为例，纽约与新泽西边界线1.2千米，经济成本为20千米；美国与加拿大的经济边界约为 47 千米；香港和深圳虽然仅隔深圳河，但其之间的经济成本实际高达 266 千米。边界经济成本高也意味着同等条件下竞争力的下降。资料显示，中国是全球最大的世界工厂，但中国物流、金融、能源等成本仍然较高。具体来看，发达国家企业物流成本占销售额比例为 9.5% 到 10%，但中国企业物流成本占销售额比例则高达 20% 到 40%。"空间集聚、制度突破将有力减少成本。"张国华表示，在产业空间集聚带来的共享、匹配和学习三个效应下，人均基础设施能耗成本将降低 15%，人均生产效率将提高 15% 到 20%。

　　具体来看，四大战略将承载不同的职责。京津冀协同发展以疏解北京非首都功能，高标准建设雄安新区为抓手。通过北京、天津、河北三地探索出经济人口密集地区优化发展的新模式，打破行政壁垒，实现跨行政区的要素有序流动，解决了过去长期想解决而没有解决的问题。长江经济带推动沿江 11 个省市联动发展，通过长江黄金水道串联起长三角地区、长江中游地区、成渝经济区，有效发挥了各地区的比较优势，"共抓大保护，不搞大开发"，生态优先，绿色为主，主要体现保护功能。

　　要深刻领会习近平总书记关于长江经济带高质量发展的新部署，必须准确理解"五个关系"，廓清逻辑体系，把握辩证关系。第一，正确把握整体推进和重点突破的关系是前提。修复长江生态环境是一项系统工程，牵涉面广，工作量大。只有坚持整体整治、标本兼治，在系统梳理隐患和风险的基础上，分类施策，统筹各类生态要素，才能把握大局，实施好生态修复和环境保护工程。第二，正确把握生态环境保护和经济发展的关系是核心。这是由长江经济带发展的地位和作用决定的，也是长江经济带生态环境可持续发展的客观要求。"共抓大保护、不搞大开发"，不是不要大的发展，而是要把生态修复放在首位，立下生态优先的规矩，倒逼产业转型升级，使绿水青山产生生态效益、经济效益、社会效益。第三，正确把握总体谋划和久久为功的关系是基础。推动长江经济带发展是一项长期战略任务。要确保一张蓝图绘到底，就必须充分认识到任务的长期性和艰巨性。只有围绕既定目标，明确时间表、路线图，稳扎稳打，分步推进，久久为功，才能始终围绕高质量发展主题不偏离。第四，正确把握破除旧动能和培育新动能的关系是关键。创新能力的提升是长江经济带高质量发展的重要体现，新一轮的科技革命使得以创新生产要素为支持的经济发展新动能逐渐成了引领发展的主导力量。必须通过破除旧动能和培育新动能，努力在科技、产业、模式和品牌等领域取得关键突破，推动长江经济带建设现代化经济体系。第五，正确把握自身发展和协同发展的关系是支撑。长江经济带覆盖11省市，流域沿线地区经济发展水平差异明显，涉及水、路、港、岸、产、城等多个方面。只有树立"一盘棋"的思想，运用系统论的方法，按照中央统筹、省负总责、市县抓落实的管理体制，充分发挥各有关部门单位和沿江省市的作用，才能实现错位发展、协调发展，合力推动长江经济带高质量发展。

近些年来，湖北省委、省政府高度重视区域协调发展，先后提出"四基地一枢纽""两圈两带一群""一主两副多极"等区域和产业发展战略，为促进全省经济加快发展打下了坚实基础。在 2018 年年底召开的全省经济工作会议上，进一步提出了"一芯驱动、两带支撑、三区协同"的高质量发展区域和产业发展战略布局，努力实现区域经济均衡、协调、健康、高质量发展。从全域经济社会发展的协调性来看，目前我省区域发展不平衡不充分的问题还比较突出，具体表现在过于依赖"一主"，"两副"支撑不足，"多极"尚未形成。与沿海省份大多拥有"双子星""多子星"相比，湖北仍属于典型的单极核心省份，省内其他市州与省会城市存在着较大差距。在有限的资源和配置资源的能力下，如何平衡好省会城市与其他城市的关系，增强省会武汉的引领、辐射和带动作用，推动形成几个副中心城市和若干个特色增长极，将是湖北推动区域协调发展的重点攻关方向。

在以"一元多层次"战略体系引领下，在继续发挥"一主两副"带动作用的同时，重点推动 3 至 5 个经济基础较好、带动能力较强的地级市，建设区域性中心城市，成为新兴增长极。打造鄂东区域性中心城市，"十二五"期间，黄石通过破解发展空间、产业升级、生态建设、体制改革等方面的束缚，实现了深度转型。"十三五"黄石在"一主两副多极"中成为重要一极。2017 年 3 月 30 日，国务院原则同意《黄石市城市总体规划（2001—2020年）》，明确黄石是长江中游城市群区域性中心城市、先进制造业基地。批复要求，要在确定的 701 平方千米城市规划区范围内，实行城乡统一规划管理。到 2020 年，中心城区常住人口控制在 95 万人以内，城市建设用地控制在 94.7 平方千米以内，要建设资源节约型和环境友好型城市。实现这个目标，任务艰巨。

正是在这种背景下，本课题承担了湖北省政府政研室政府采购项目"推进黄石、黄冈跨江合作研究"，在研究城市比较的基础上，针对老工业城市黄石市空间局限，提出了相应的的政策建议。

聂亚珍

2020 年 12 月 20 日

目　录
CONTENTS

引　言

　　中国特色社会主义进入新时代以来，国内经济也逐渐进入新的发展阶段，以创新、协调、绿色、开放、共享的发展理念为核心的经济发展，是我们经济健康发展的重要标志。加强区域经济的协调发展，优化经济体系的空间布局，实施协调发展战略目标，是建设现代化经济体系的重要举措之一，也是我国社会经济全面发展的客观要求。党的十八大以来，习近平总书记鲜明提出创新、协调、绿色、开放、共享的新发展理念，强调协调发展是制胜要诀，在党的十九大报告中提出实施区域协调发展战略，为统筹区域发展提供了科学指引。总书记强调，要"完整准确落实区域协调发展战略，推动实现基本公共服务均等化，基础设施通达程度比较均衡，人民生活水平有较大提高"。区域协调发展不仅是一个经济发展问题，更重要的是一个国家管理体制的演化问题。建立有效的区域协调互动机制，避免区域发展失调现象发生，是国家在社会经济发展过程中的重要政策目标，也是当前构建和谐社会、全面建成小康社会的重要内容。

　　发挥黄石在鄂东地区的中心城市作用，推进鄂东区域协调发展，是深入实施长江经济带战略、加快发展长江中游城市群的重要举措；是湖北"建成支点、走在前列"的有力保障；也是优化鄂东资源配置和产业布局、提升鄂东区域综合实力的必然选择。当前，推进鄂东地区合作，基础牢固，条件具备，正当其时。本课题通过对形成区域间差异的一般原因以及形成黄石与周边差异特殊原因的分析，指出要改变目前区域差异现状的根本途径就在于构建区域间的协调互动机制，而这种新的协调合作机制的建立，需要地方政府与之相配套的政府职能或作用的改变，加强地方政府之间的横向合作联系。同时以利益为切入点，深入分析地方政府横向合作机制存在的问题，结合发达国家及国内典型区域经济发展过程中地方政府治理的成功经验，提出我省区域协调发展的有效模式及其相关的政策建议。

第一章

区域协调发展的相关理论

一、国内外研究状况

关于区域发展与地方政府的理论，可以追溯到古典经济学，其代表人物亚当·斯密（Adam Smith）就从人们对资本税差异的不同反应角度来分析政府行政要素对于区域经济的影响。亚当·斯密认为，如果一个国家不能提供对产权的有效保护，那么，资本所有者就会迁往他国，从而促进国家间政府（区域）竞争机制的形成，因为"资本的所有者很可能是一个世界公民，他不一定要附着于那一个特定国家。一个国家如果为了要课以重税，而多方调查其财产，他就要舍此他适了。他并且会把资本移往其他国家，只要那里比较能随意经营事业，或者比较能安逸地享有财

富。"① 同时，亚当·斯密主张地方性公共物品由地方政府提供最
为有益，"不能为维持本身提供任何收入的公共工程，它所提供
的方便又差不多仅限于某一地点或地区者，由所在地方政府或省
政府管理下的地方收入或省收入去维持，总比由行政部门管理的
国家普通收入去维持更好，……地方政府和省政府对地方收入和
省收入管理中产生的弊病和大帝国收入的支出管理中普通产生的
弊病相比，不管看起来有多大，实际上总是微不足道的。"② 现代
区位理论，特别是以克拉克、劳斯贝为代表的社会学派，"其核
心就在于政府干预区域经济发展"，强调"政府政策、国防和军
事原则、人口迁移、市场变化、居民储蓄能力等因素都不同程度
地影响着区位的配置。并且，随着社会经济的变化，它已经成了
区位选择最重要的影响因素。"③ 学者 Hellen Sullivan 和 Chris
Sketcher 分析了英国地方跨区域合作演进的原因，指出在政府层
面上、操作层面上以及财政层面上存在的因素是影响政府间跨区
域合作的重要因素，欲使跨区域间问题获得圆满解决，可以采取
契约、伙伴关系及网络三种形态，利用可行的合作机制、协同发
展组织，甚至"公司治理"，来增进其解决能力，以提供政府经
营的重要途径。乔尔·布利克（Joel Bleeke）和戴维·厄恩斯特

① ［英］亚当·斯密. 国民财富的性质和原因的研究（下卷）［M］. 郭大力，王亚南，译. 北京：商务印书馆，1974.
② ［英］亚当·斯密. 国民财富的性质和原因的研究（下卷）［M］. 郭大力，王亚南，译. 北京：商务印书馆，1974.
③ 白永秀. 区域经济学的过去、现在和未来——个学科成长视角的文献综述［C］. 北京：中国经济出版社，2005.

（David Ernst） 指 出 "为了竞争必须合作，以取代损人利己的
行为。"①

我国学者对于区域协调发展问题的研究直到 20 世纪 90 年代
才开始。代表性的论述有：曾坤生认为（2000 年），经济发展的
区域不平衡具有普遍规律性。要实现区域经济协调发展，必须从
整体经济的实际出发，结合区域经济发展的阶段特征，在一定时
期内突出相应的发展重点，扶持能在较短时间内做到自立发展的
区域或产业，培育区域自我发展能力，以争取在一个不长的时期
内，实现整体经济的全面发展；胡乃武、张可云认为（2004 年），
现阶段和今后一段时期我国面临的区域问题将越来越多，……政
府必须对区域经济进行管理和统筹，才能达到区域经济协调发展
的目的；王健、鲍静等人认为（2004 年），造成当代区域经济一
体化与行政区划冲突的根本原因不在于行政区划本身，而在于政
府职能的转变尚未完全适应市场经济的发展需求，并且提出了
"复合行政"的新理念，即多中心、交叠的自主治理②；唐亚林认
为，在中国相对缺乏地方自治基础，在压力型政府绩效评估指标
体系下，难于催生跨区域政府合作的真正动力；高新才提出，地
方政府合作应建立区域经济合作的信息交互机制、利益补偿机制、
利益分享机制、评价激励机制、行为约束机制等；张可云在《区

---

① ［美］乔尔·布利克，戴维·厄感斯特. 协作型竞争［M］. 北京：中国大百科全书
出版社，1999.
② 王健，鲍静，刘小康，王佃利. "复合行政"的提出—解决当代中国区域经济一
化与行政区划冲突的新思路［J］. 中国行政管理，2004（3）.

域大战与区域经济关系》一书中用"博弈论"分析了地方经济中的冲突与合作，并指出"区域经济关系协调是指不断完善区域利益获得机制与规则，并在新的区域制度框架内进行组织创新，以尽可能克服区域经济冲突和加强区域经济合作，其中区域经济组织创新所推动的区域经济合作至关重要"①；谢庆奎《中国政府体制分析》、毛寿龙《有限政府的经济分析》《中国政府功能经济分析》中主要运用交易成本理论来分析地方政府间的关系，指出了政府间的合作交易成本问题；张敦富与覃成林从区域经济协调发展的角度强调了加强地方政府间经济合作的重要性②。

　　国内外学者主要研究区域差距现状，多进行实证性描述，而对造成区域差距的深层次原因、实现区域协调发展的机制缺乏深入的思考和进一步的探讨；部分学者虽然提出了通过区域分工和交换、要素流动、产业梯度转移、区域技术传播等途径可以实现区域协调发展，但对于这些途径的实现需要什么样的市场条件和政府引导、政府在协调区域发展中扮演的角色问题等论述较少，而系统研究各区域经济协调发展的机制，并探讨处于转型期中国如何通过制度创新构建相关机制的论述更是少见。

---

① 张可云. 区域大战与区域经济关系［M］. 北京：民主与建设出版社，2001.
② 张敦富，覃成林. 深圳与香港经济合作关系研究［M］. 北京：人民出版社，2001.

二、行政区经济理论

行政区经济是计划经济体制向社会主义市场经济体制转轨过程中的衍生物，是由于行政区划的约束而对区域经济的发展所产生的一种特殊的区域经济现象。行政区经济是与区域经济一体化相对的概念，由于行政区域上的格局在一定程度上导致了区域经济的分割，最终使区域经济一体化的态势难以形成。按照区域经济一体化的内在要求，区域经济一体化要突破行政区划的界限，大力发展区域经济，寻找和培育不同类型的经济区经济，从而推动区域经济一体化的发展。但是，由于目前特定的历史和体制背景，行政区的功能异常强化。在地方政府追求自身利益最大化的趋势下，政府对区域经济的干预相当严重，使区域经济的发展深深地烙上了地方政府的痕迹，一旦涉及到地方政府的利益时，地方政府的职能行为就会发生扭曲，很容易演变成地方主义或保护主义。而作为地方政府职能管辖范围的行政区划界线，就成为区域经济发展的一道屏障，严重制约区域经济的健康发展。正是由于行政区划的影响，区域内的企业竞争受到了政府的影响，导致生产要素流动受阻、企业发展行业结构雷同、重复建设现象严重，区域经济一体化就很难实现。因此，如何在行政区划客观存在的条件下平衡区域经济的发展、规范地方政府的行为，就成为区域发展亟待解决的问题。①

三、区域合作和分工理论

　　区域分工是区域间经济联系的一种形式，是区域之间比较优势造成的。区域在发展过程中由于自身资源禀赋条件和基础的差异，在资源和要素不能完全自动流动的情况下，为满足生产、生活的多种需要，以提高自身的经济发展，区域之间将会参照一定的利益分配原则，选择和发展自身具有优势的产业，即所谓的发展"比较优势"在区域之间就会产生分工。通过区域分工，能够使区域充分发挥资源、要素、区位等方面的优势，合理利用资源，以达到提高区域经济效益和社会整体经济发展的客观需求。区域的分工使区域能够根据自身的优势发挥比较优势，而通过区域的合作形成优势互补、优势共享和优势叠加，把分散的经济活动有机地组织起来，发挥潜在的经济活力，最终形成一种合作生产力，而这种优势合力所产生的经济效益是分散条件下单一个体所难以取得的。合作为分工提供了保障，使区域经济专业化能够存在和发展。通过合作可以冲破对区域经济发展要素的阻碍，促进要素之间的流动，最终实现区域经济的整体社会效应和区域之间的协调发展。

---

① 李丰庆. 区域协调互动中的地方政府作用分析 [D]. 西安：西北大学硕士学位论文，2005.

四、交易费用理论

交易费用理论是西方新制度经济学的核心，是指个人交换他们对于经济资产的所有权和确立排他性权力的费用。[①] 交易费用的构成一般包括搜集市场信息的成本、缔约成本、监督成本和强制履约的成本。交易费用理论采取行为主体基本假设（包括追求效用最大化的经济人假设、认知的有限理性假设和行为动机的机会主义假设），通过基本假设，确立交易费用理论。而决定交易费用的因素在于两方面：首先是资产的专用性，是指一旦形成后很难再转移配置的资产。资产专用性越强，交易越容易实现，而对于交易双方持久稳定的契约关系要求则更高；其次是不确定性。在交易过程中，交易双方既要面临来自外部环境的不确定性，同时也要面临来自交易本身的不确定性。当不确定性很高时，交易双方就需要一定的保障机制；再次是交易的频率，是指交易双方在一定时间段内交易的次数。如果交易的频率高，耗费的费用就是值得的，反之亦然。制度的重要性在于降低交易费用，而降低交易费用是所有理性经济主体的合理选择。在特定的制度与组织体系内，经济主体趋利避害的本性会促使其寻找并利用制度与组织的缺陷来实现其效用的最大化。制度变迁可以减少资产专用性、

---

① 思拉恩埃格特森. 新制度经济学 ［M］. 吴经邦，译. 北京：商务印书馆，1996.

减少机会主义行为动机和增加理性行为，因此，制度变迁是降低交易费用的基本思路。

五、政府间的博弈理论

博弈论（game theory）是研究决策主体的行为发生直接相互作用时候的决策以及这种决策的均衡问题，也就是说，当一个主体，好比说一个人或者一个企业的选择受到其他人、其他企业的影响，而且反过来影响到其他人、其他企业选择时的决策问题和均衡问题。[①] 博弈论可以划分为合作博弈和非合作博弈，而"囚徒困境"是博弈论中的一个典型案例，反映了个人理性与集体理性之间的矛盾。

囚徒 B

		坦白	抵赖

囚徒 A

	坦白	抵赖
坦白	-8，-8	0，-10
抵赖	-10，0	-1，-1

图 1-1　囚徒困境

例如囚徒 A 和囚徒 B 在被抓之前，共同约定誓死抵赖，两人

---

① 张维迎．博弈论与信息经济学［M］．上海：上海三联书店和上海人民出版社，1992．

各判一年，但要是其中一方坦白，另一方相应的处置如表中所示：当 A 选择坦白时，B 的最优战略选择就是坦白。同样，当 B 选择坦白时，A 的最优战略选择自然也是坦白。而最终的结果，双方均被判处 8 年。假如两个囚徒在被警察抓住之前建立一个死不坦白的攻守同盟，并且双方都能够遵守盟约，最终的结果两人各判 1 年，显然比双方都坦白的结局更令人满意。

　　"囚徒困境"的逻辑揭示一个道理，即在一定的条件下，合作所能得到的收益会最大。而"囚徒困境"的问题同样在公共产品生产领域也广泛存在，如在公共产品生产领域表现为供应不足，在私人产品生产领域表现为产品供给过剩。由于具有理性的区域利益主体在决策时会选择符合自身利益最大化的行为，也就是一旦机会主义存在，社会整体利益的最大化就难以形成，区域与社会的整体效率将大大降低。由于在一定时期，社会的总需求量是一定的，而这种有限的总需求，对于各个个体（区域）成员来说，就是一种公共资源。当公共产品在私人的生产领域出现过剩时，区域就会积极地保护市场，从而确保本区域产品能够顺利实现其价值。区域之间从自身角度考虑积极地保护市场，一方面使市场不能健康地发展，急需政策的引导来理顺这种不健康的市场机制；另一方面造成区域间即区际公共产品的"公用地悲剧"的发生。

　　区域之间竞争的过程中地方政府扮演了重要的角色，地方政府以企业、产业为载体，通过行政权力参与或干涉企业的竞争行为，其目的就在于提高本区域的经济发展水平。从主观上讲，在一定程度上提高了本区域的收入水平，但在客观上却导致了区域经济冲突的发生，使区域与整个社会的总体利益受到危害，这种区域经济关系趋于均衡状态的利益竞争行为，其最终的结果必将使各竞争主体陷入"囚徒困境"之中。因此，强化区域政策的引导作用，制定具有针对性的区域经济政策，就显得非常的重要。

六、区域规划与空间治理理论

区域空间结构的演变，一是由于城市内部在规模经济和集聚经济的作用下形成的推动力，这一推动力主要受市场机制的影响，是企业和居民效用最大化的理性选择；二是市场和政府的合力，在相关政策和规划的引导下，产业和经济活动在不同的区域间进行更加合理高效的配置，使要素的流动更加有序；三是城市之间由于密切的物质交流与交换而产生的不可分割的经济联系，特别是随着交通条件的改善，原本在空间上分离、交流上封闭的城市之间形成了紧密联系的空间网络。

不同空间尺度的区域主体推进协调发展面对的问题不同。一是四大区域板块间的协调发展问题。现阶段区域发展中比较突出的现象是中西部与东部发展差距逐步缩小的同时，南北发展差距凸显，南北方在开放和创新发展方面的差距不断扩大。二是区域板块内部次区域之间的协调发展问题，尤其是江河流域、城市群和都市圈的协调发展问题。比如，长三角区域一体化是四个省域及其城市群之间协调发展的问题，如按照"一小时都市圈"的概念，南京都市圈则涵盖了江苏和安徽的城市，需要建立跨省协调机制。其他区域以及区域内城市群的发展，同样存在如何推动差异化、互补性、融合式发展，避免同质化、排他性、离散式发展等问题。在完善体制机制和创新政策体系时，需要考虑这些空间尺度问题。

我国空间治理是由空间发展战略、法律与规划、区域政策体系为核心内容，由政府管理、市场机制、社会治理等为参与者共同实施。区域发展规划以确定跨行政区的重大战略以及协调解决跨行政区重大政策机制问题为重点，国土空间规划以"三区三线"划定，以及保护与开发的落地布局、空间管控为重点，形成"行政区+X"的"大"规划体系。

继西部开发、东北振兴、中部崛起、东部率先转型升级为四大区域战略之后，我国又陆续推出了京津冀协同发展、长江经济带建设、粤港澳大湾区建设、长江三角洲地区一体化发展、黄河流域生态保护与高质量发展、成渝地区双城经济圈建设六大区域战略。六大区域新战略的推出将深深影响我国经济社会的发展，并有利于我国国土空间格局的优化。京津冀、长三角、珠三角是我国位列前三位的城市群，这三大城市群都位于东部沿海地区。未来，能够形成城市群的地区约有15个，分布于东部、中部、西部和东北，毋庸置疑，这将成为我国经济发展的重要支柱。城市群作为一种区域形态，不仅是城市密集、城市规模大，还在于城市之间存在密切的联系，通过分工合作、功能互补，融为一个整体。所以，我国的城市群除长三角、珠三角之外，多数还不成熟，需要推进产业结构的升级和空间布局的优化，提高整体竞争力和辐射力。从国家空间战略的推进来看，未来国家的增长极将会落在北方和中西部地区，武汉、沈阳相继提出建设国家中心城市的目标，从现有的国家增长极特征来看，湖北省仅靠武汉一家独大难以实现这一目标，而国家级增长极核在成长过程中会逐步凸显出城市群的效应，形成"国家中心城市+区域中心城市"的结构，同时该区域也具备一定的辐射能力、一定范围的腹地，因此武汉城市圈需要黄石作为中心城市的辅助，使之更有效地提升城市圈能级、拓展城市圈辐射的腹地，黄石战略地位的提升将更好地实现这一目标。

长江经济带建设和黄河流域生态保护与高质量发展也是我国新的区域发展战略。长江经济带涵盖我国 11 个省级行政区，土地面积占全国 20%，人口和 GDP 占全国 40%，跨越东中西三大地带。长江经济带有三大城市群：长三角城市群、长江中游城市群和成渝城市群，依托长江黄金水道，把三大城市群紧密联系起来，将成为中国最大、最强的一条经济隆起带。黄河流域同长江经济带一样，横贯东中西，奔流万里入海。但黄河水量比长江小很多，必须以水定地、以水定产、以水定城。要把生态保护放到第一位，在此前提下，促进经济高质量发展。黄河中下游也有三大城市群：山东半岛城市群、中原城市群和关中城市群。长江、黄河是两条纽带，将中华大地紧密地联系在一起，通过区域一体化，使中西部地区获得发展的机遇，促进东中西三大地带的协调发展。

第二章

区域协调发展的基础

一、理论基础

区域协调发展，必须要理清区域发展总体战略、主体功能区战略、重点区域战略的关系，以及能否有机融合的问题。也就是，"四大板块""点轴结构""功能区"如何融合，能否在统一的框架下整合的问题；要理清国家区域战略与规划出台的依据。也就是，区域战略与规划的实施困惑的问题；要理清区域规划与其他规划的协调关系。主要是指横向的国民经济和社会发展规划、国土空间规划，以及纵向的中央、省、市、县，这两个维度的协调；要理清众多区域空间概念之间的关系，或者说适宜我国国情的区域空间概念体系是什么。其主要表现为，我们的区域空间概念较多，有都市圈、城市群、经济区、城市带等，进而造成区域政府资源配置的低效。

（一）新时代区域协调发展的新内涵和新目标

2019 年 12 月《推动形成优势互补高质量发展的区域经济布局》①，习近平总书记提出要正确认识当前区域经济发展新形势，关注的新情况新问题。一是区域经济发展分化态势明显。长三角、珠三角等地区已初步走上高质量发展轨道，一些北方省份增长放缓，全国经济重心进一步南移。2018 年，北方地区经济总量占全国的比重为 38.5%，比 2012 年下降 4.3 个百分点。各板块内部也出现明显分化，有的省份内部也有分化现象。二是发展动力极化现象日益突出。经济和人口向大城市及城市群集聚的趋势比较明显。北京、上海、广州、深圳等特大城市发展优势不断增强，杭州、南京、武汉、郑州、成都、西安等大城市发展势头较好，形成推动高质量发展的区域增长极。三是部分区域发展面临较大困难。东北地区、西北地区发展相对滞后。2012 年至 2018 年，东北地区经济总量占全国的比重从 8.7% 下降到 6.2%，常住人口减少 137 万，多数是年轻人和科技人才。一些城市特别是资源枯竭型城市、传统工矿区城市发展活力不足。总的来看，我国经济发展的空间结构正在发生深刻变化，中心城市和城市群正在成为承载发展要素的主要空间形式。我们必须适应新形势，谋划区域协调发展新思路。习近平总书记提出了新形势下促进区域协调发展

---

① 习近平. 推动形成优势互补高质量发展的区域经济布局［EB/OL］. 中国政府网, 2019−12−15.

的总的思路，即按照客观经济规律调整完善区域政策体系，发挥各地区比较优势，促进各类要素合理流动和高效集聚，增强创新发展动力，加快构建高质量发展的动力系统，增强中心城市和城市群等经济发展优势区域的经济和人口承载能力，增强其他地区在保障粮食安全、生态安全、边疆安全等方面的功能，形成优势互补、高质量发展的区域经济布局。习近平总书记还提出要从多方面健全区域协调发展新机制，抓紧实施有关政策措施。

2018 年 11 月《中共中央国务院关于建立更加有效的区域协调发展新机制的意见》（以下简称《意见》）是为全面落实区域协调发展战略各项任务，促进区域协调发展向更高水平和更高质量迈进，就建立更加有效的区域协调发展新机制提出的意见。本已经是为了解决当前我国区域发展差距依然较大，区域分化现象逐渐显现，无序开发与恶性竞争仍然存在，区域发展不平衡不充分问题依然比较突出，区域发展机制还不完善，难以适应新时代实施区域协调发展战略需要的问题提出的。《意见》提出，到 2020 年，建立与全面建成小康社会相适应的区域协调发展新机制，在建立区域战略统筹机制、基本公共服务均等化机制、区域政策调控机制、区域发展保障机制等方面取得突破，在完善市场一体化发展机制、深化区域合作机制、优化区域互助机制、健全区际利益补偿机制等方面取得新进展，区域协调发展新机制在有效遏制区域分化、规范区域开发秩序、推动区域一体化发展中发挥积极作用。到 2035 年，建立与基本实现现代化相适应的区域协调发展新机制，实现区域政策与财政、货币等政策有效协调配合，区域协调发展新机制在显著缩小区域发展差距和实现基本公共服务均等化、基础设施通达程度比较均衡、人民基本生活保障水平大体相当中发挥重要作用，为建设现代化经济体系和满足人民日益增长的美好生活需要提供重要支撑。到 21 世纪中叶，建立与全面建成社会主义现代化强国相适应的区域协调发展新机制，区域协调发展新机制在完善区域治理体系、提升区域治理能力、实现全体人民共同富裕等方面更加有效，为把我国建成社会主义现代化强国提供有力保障。《意见》还对建立区域战略统筹机制，健全市场一体化发展机制、深化区域合作机制、优化区域互助机制、健全区际利益补偿机制、完善基本公共服务均等化机制、创新区域政策调控机制、健全区域发展保障机制、切实加强组织实施等工作做了原则安排。

这一理论成果是对我国新时代区域战略布局的系统谋划，是培育竞争新优势、应对百年未有之大变局的根本大计，是推动区域高质量发展的基本依据，是市场经济条件下推动各地深化合作的行动指南，必须把习近平总书记区域协调发展的指示全面落实到推动形成区域经济新布局的实践之中。要通过深化改革，破除资源流动的显性和隐性壁垒，加快形成全国统一开放、竞争有序的商品和要素市场，真正使市场在生产要素跨区域配置中起决定性作用；要加快转变政府职能，进一步减少政府对资源的直接配置，更好发挥政府在规划统筹、政策协调、深化合作方面的作用；要以优化空间发展格局为导向，进一步提高既有发展优势地区的能级，培育发展新的优势地区，更好发挥中心城市和城市群的引领带动作用。要更好地实施主体功能区战略,从区域的主体功能出发,制定更加清晰和完备的区域产业政策;要促进主体功能区战略与中心城市发展战略对接,更加注重发挥中心城市和城市群的龙头带动作用,将其打造为要素优化配置枢纽、产业高质量发展服务平台和创新辐射中心,真正成为区域发展新的增长动力源;对于维护国家国防安全、粮食安全、生态安全、能源安全、产业安全具有重大战略意义的区域,要加大政策支持力度,使之切实履行好相关功能;要守好民生底线,坚持共享发展,加快推进基本公共服务均等化,采取有效措施缩小民生领域的区域差距;要持续完善区域发展成本分担和利益共享机制,为推动区域协调发展新格局构建有力的激励机制和制度。

2015 年 4 月国务院批复同意《长江中游城市群发展规划》,这是贯彻落实长江经济带重大国家战略的重要举措,也是《国家新型城镇化规划(2014—2020)》出台后国家批复的第一个跨区域城市群规划,它由武汉城市圈、环长株潭城市群、环鄱阳湖城市群为主体构成。2007 年 12 月 7 日,国务院正式批准武汉城市圈为"全国资源节约型和环境友好型社会建设综合配套改革试验区"。武汉城市圈,又称"武汉圈"、"1+8"城市圈、"大武汉都会圈",是指以中部地区最大城市武汉为圆心,覆盖黄石、鄂州、黄冈、孝感、咸宁、仙桃、天门、潜江周边 8 个大中型城市所组成的城市群。武汉为城市圈中心城市,黄石为副中心城市,仙桃为西翼中心城市。武汉城市圈的建设,涉及工业、交通、教育、金融、旅游等诸多领域。面积不到湖北省三分之一的武汉城市圈,集中了全省一半以上的人口、六成以上的 GDP 总量，是中国中部最大的城市组团之一。它不仅是湖北经济发展的核心区域，也是中部崛起的重要战略支点，是武汉重返国家中心城市的重要举措。

（二）长江中游城市群区域城镇化战略的新变化

早在 2009 年 9 月，国务院通过的《促进中部地区崛起规划》明确把武汉城市圈、长株潭城市群和环鄱阳湖城市群列为中部重点培育的六大城市群增长极。2010 年 12 月，国务院发布的《全国主体功能区规划》，把包括武汉城市圈、长株潭城市群和鄱阳湖生态经济区的长江中游地区列为全国 18 个国家重点开发区域，以推动形成"新的大城市群和区域性的城市群"。在这些重点开发的城市化地区中，长江中游地区是唯一跨三省的重点开发区域，最有希望率先形成一体化的大城市群，并最终形成世界规模级的特大城市群。发展方向和定位的具体表述为：充实基础设施，改善投资创业环境，促进产业集群发展，壮大经济规模，加快工业化和城镇化，承接优化开发区域的产业转移，逐步成为支撑全国经济发展和人口集聚的增长极。2011 年 3 月通过的《国民经济和社会发展第十二个五年规划纲要》又明确指出，加快构建"沿长江中游经济带"，并将长江中游地区纳入国家"两横三纵"城镇化战略格局之中。中央领导和有关部门也高度重视长江中游城市群的建设。按照 2010 年 12 月国务院审批的《全国主题功能区规划》，由武汉城市圈、长株潭城市群以及鄱阳湖生态经济区为主体的长江中游地区被列为国家重点开发区域。

2012 年 2 月，湘、鄂、赣在武汉签订《加快构建长江中游城市集群战略合作框架协议》；2012 年 8 月，国务院颁布《关于大力实施促进中部地区崛起战略的若干意见》，其中提到"鼓励和支持武汉城市圈、长株潭城市群和环鄱阳湖城市群开展战略合作，促进长江中游城市集群一体化发展"；2012 年年底，李克强在江西和湖北调研时点名要把安徽纳入长江中游城市群的发展范畴。鄂、湘、赣、皖四省，坐拥长江黄金水道，有着良好的合作发展基础；2013 年 11 月，湖北省发改委已向国家发改委提交了《关于加快推进长江中游城市群建设的请示》（下称《请示》），"希望得到国家进一步的关心和支持，从国家战略层面统筹谋划长江中游城市群的发展。"湖北省发改委向国家发改委提出了"三个恳请"：一是恳请将宜昌、荆州、荆门三市与武汉城市圈九市都纳入长江中游城市群范围；二是恳请修订《促进城镇化健康发展规划》（下称《规划》）中关于长江中游城市群的定位；三是恳请《规划》明确武汉国家中心城市的定位。黄石地处长江经济带湖北段的最东段，是长江中游城市群的结点城市，通过长江水道对接"长三角"辐射鄂、赣、皖的桥头堡。长江中游城市群区域城镇化战略带来的新变化给了黄石重要的发展机遇。

1. 城市群的功能提升

进入 21 世纪以来，城市群的出现是我国区域发展的重要特点之一。目前，我国已经在国家、省、市等各个层面形成了多个不同等级和规模的城市群。据测算，我国能称得上城市群的区域范围不会超过 20%。城市群是经济区内发展水平最高的地区，也是经济区的增长中心和辐射源。以产业和人口转移为特征的产业结构升级，促进了城市群内资本结构、劳动力结构、技术结构、自然条件和资源供给结构的调整，各城市功能分工与合作不断深化，使城市群整体表现出以下六个方面的功能：经济增长、集聚扩散、辐射带动、规模经济、协同创新、综合服务。城市群的结构、功能、各城市之间的联系始终保持调整、完善和深化的状态，这使得城市群功能不断整合，汇聚所有城市的经济势能形成一定的辐射力，并在区域合作不断加强的基础上形成经济区。城市群根据经济社会发展要求和城市群结构演变的规律，调整原有功能的不合理部分，建立合理的功能体系和高效的运行模式，实现最佳的经济和社会环境效益。通过产业结构调整和城市关系转变，不断增强城市群功能。

2. 城市群带动经济区发展

城市群空间结构优化和功能整合分别对经济区产生空间溢出效应和功能溢出的发生效应。城市群的空间溢出和功能溢出是一个相互作用、相互影响的过程，空间溢出随功能溢出而发生，功能溢出也是空间溢出的表现形式。实际上，城市群辐射带动经济区发展的过程就是区域间要素集聚与扩散的过程，二者发展差距的缩小就是人口向城市群内转移、产业由城市群地区向非城市群地区扩散的过程。

城市群空间溢出。根据新经济地理学的观点，高生产率的企业在贸易成本下降的情况下会优先选择市场规模较大的区域，生产率较低的企业则选择市场规模较小的区域。城市群的核心城市人口规模大，在较高的土地成本和劳动力成本的影响下，企业总部与生产性服务业企业在大城市集聚。制造业部门迁往规模较小的城市，中小城市根据比较优势的原则成为专业化程度较高的制造业基地。随着城市的生产和生活成本逐渐提高，产业开始由城市群向非城市群地区扩散。美国 Anas 等学者认为，单核心集聚的结构向分散化集聚的多核心结构转变更有利于持续地获取集聚经济效益，从而能够支撑区域规模扩展和经济增长。①

城市群功能溢出。随着经济的发展，一些新兴产业和高科技产业首先出现在核心城市，这意味着一些附加值较低的产业必须向外转移，为新产业的发展腾出空间。运输成本的降低使得周边地区的区位劣势在弱化，成本优势在强化，一些产业也更愿意向周边地区转移，这样既可以接近市场，又可以降低生产成本。产业的转移、扩散和人口的空间分异导致城市群地区和非城市群地区的功能产生分异，最终将形成产业沿城市群核心城市—城市群次级核心城市—城市群外围地区—非城市群地区逐级转移的发展格局。

城市群整体对外辐射。在经历了长期的集聚与扩散后，城市群各城市的功能分工形成，区域合作不断加强，城市群呈一体化发展，逐渐具备了更强的区域性甚至国际性功能。城市群对经济区的辐射带动作用既可以由核心城市直接产生，也可以沿核心城市—次级核心城市—城市群外围地区—非城市群地区的路径进行

---

① 肖金成，李博雅. 城市群对经济区的辐射带动作用［J］. 开发研究，2020（1）.

扩散。这种扩散主要表现为非核心功能的产业由城市群内向非城市群地区扩散，在城市群外围和非城市群地区，一些经济实力、产业结构、基础设施条件较好的新兴城市根据自身的发展水平和比较优势开始新一轮的竞争，最终发展成为新一级的集聚中心。

从现实来看，目前我国大多数城市群空间结构都处于单核心集聚的阶段，城市群一体化程度较低，城市群内部仍没有形成合理的功能分工格局，难以成为支撑经济区发展的辐射源，原因主要有以下几个方面：第一，我国城市群内大部分城市规模较小，城市间经济联系松散，导致一体化水平和整体功能提升受限；第二，区域空间结构不合理，特别是城市等级体系不健全，大都市过大，小城市过小，缺少能够承上启下的大中城市；第三，地方政府过多参与经济活动，造成地区市场分割、行政壁垒、地方保护主义等，阻碍了区域一体化进程；第四，我国的户籍制度阻碍了人口和生产要素在区域间的自由流动与重新配置，对城市人口的不合理控制导致空间布局的畸形演化。为此，必须制订科学的区域规划，指导经济区发展；促进要素自由流动，推动经济区一体化发展；完善交通基础设施，构建网络化交通运输体系；支持区域中心城市的发展，培育经济区内生动力；转变政府职能，加强区域管理；建立区域协调管理机制和利益协调机制，促进形成竞合有序、一体化水平稳步提升的发展格局。[①] 城市群带动经济区发展就是在集聚与扩散效应下，人口、产业、基础设施在不同

---

① 肖金成，李博雅. 城市群对经济区的辐射带动作用 [J]. 开发研究，2020 (1).

地区间集聚与扩散的过程。

（三）"十四五"区域规划

促进区域经济协调发展，合理布局生产力，解决区域经济发展不平衡的问题，协调区域中人地关系、代内及代际公平与效率的关系、区域内部不同地区之间的关系，是我国实施区域协调发展的努力。五年规划是我国具有最高地位用于行政执政、指导开发保护的总遵循。五年规划作为中国特色社会主义制度的治理方式，因其在国家治理中以及在中国全面建设小康社会中发挥的作用，近年来越来越多地受到国际社会，特别是国外政要的关注，得到越来越多的肯定和赞许。在经历了 40 多年经济高速发展之后，重提区域经济布局，这是科学合理的抉择。

1. "十四五"区域规划目标重点

"十四五"时期应按照高质量发展的新要求，通过空间治理现代化和区域经济布局优化打造我国新增长点和新亮点，能否实现"不高质量"发展向高质量发展的转变，关键在于能否尽快建立与高质量发展相匹配的治理体系。完善政府、市场、社会组织、公众有机配合、相得益彰的空间治理模式，健全公平与效益并重、政府调控与市场优化配置并重、问题与目标并重、约束与激励并重、局部与整体发展并重的具有中国特色的区域政策体系，着重解决当前区域协调发展的重点难题，建立适应高质量发展要求的区域协调新机制，是坚持和完善中国特色社会主义制度、推进国家治理体系和治理能力现代化的重要内容。"十四五"时期，我国空间治理现代化的重点是：完善政府、市场、社会组织、公众共同参与的空间治理模式，健全公平与效益并重、政府调控与市场优化配置并重、问题与目标并重、约束与激励并重的区域政策体系，形成适应高质量发展要求的区域协调新机制。区域经济布局的重大举措是：不断增强城市群、都市圈和区域中心城市的能级，践行人口经济集聚过程中实现区域均衡协调发展的新模式。

2. "十四五"时期优化区域布局的战略举措

全球大多数国家发展历程表明，人均 GDP 达到 1 万美元之前，区域经济差距都会持续扩大。此后，跨入经济发达行列的国家，区域差距开始缩小。"十四五"时期将是我国区域差距从扩大到缩小的拐点。优化区域经济布局还面临着以下的新形势和新要求：应对在全球布局产业链中的安全风险，通过建立我国相对独立完整的产业经济体系，壮大我国经济实力，影响世界经济地理格局和地缘经济关系。适应区域经济组织新模式，重视技术革命、消费升级和环境伦理对区域经济的影响，在发挥地区比较优势的基础上优化区域经济布局，实现区域经济向高质量发展方式的转变。补好政府主导经济布局这一课，通过合理配置国土空间资源和供给侧结构改革，从优化区域经济布局中要经济效率、要产业竞争力，充分发挥中国特色社会主义制度在经济建设领域的优势。

以经济和人口同步集聚为准则，在进一步做强做大经济集聚区的过程中实现区域经济协调发展。增强城市化地区吸纳经济和人口的综合承载力，扭转人口集聚滞后于经济集聚的态势，形成经济和人口同步集聚，在集聚中实现区域均衡。全国尺度上经济和人口向京津冀、长三角和珠三角集聚，大区域和省级尺度向城市群及其内部的都市圈集聚，地市尺度上引导经济向中心城市集聚。

以重大生产力布局为抓手，形成区域经济布局新面貌。扭转以劳动力比较优势为核心、以出口加工为重点、以融入全球产业体系为导向的产业体系构建模式，转向以事关国家安全、事关民生保障、事关区域统筹的关键领域和薄弱环节，明确国有经济和非国有经济定位，激发各自活力，协同创立自主、完备、安全、富有竞争力的国家产业体系。在国家产业体系中，形成若干具有分工和相对独立的创新型地域经济综合体。地域经济综合体应以国家实验室和国家创新中心为内核，以都市圈或城市群为枢纽，以跨省区域经济优势互补为基础，构建基础研究、应用创新、生产制造的创新产业链，实现区域经济一体化。形成以战略发展区主导的重大生产力空间布局体系。

以都市圈和城市群为空间载体，打造强劲有力的区域经济布局引擎。继续推动全国人口和经济同步向长三角、珠三角与京津冀城市群集聚，实现人口和经济占比趋同并稳步提升，打造世界级城市群。在都市圈内，遵循城与乡各具特色、城乡都使人民生活得更美好的理念，适应郊区化、逆城市化的趋势，探索城里人下乡安居乐业、农业转移人口市民化的城乡间人口双向流动的新机制，深化农村土地制度改革，鼓励新经济业态和新消费模式在城乡间灵活布局，形成城乡等值发展的区域一体化新格局。增强中心城市功能。

以新型区域经济一体化为纽带，完善开放、合作、共赢的区域经济布局。着眼国内，以增强区域经济整体优势为导向，加快都市圈城乡一体化、城市群区域一体化、以创新型地域经济综合体为引领的跨省区域经济一体化的发展，继续以经济合作为纽带推进港澳台与内地（大陆）之间的深度融合。着眼全球，改变次区域合作及地区性利益共同体为主导的国际区域一体化模式，加快推进中国主导的发达与欠发达、近程与远程、双边与多边的新型开放合作共赢的区域经济一体化进程。主要包括：同欧盟、日韩等市场和技术的合作，基于对我国经济发展模式认同，与"一带一路"发展中国家的全面合作，同周边国家共同开发资源的合作。

二、制度基础

（一）区域协调发展政策支持

推动区域协调发展战略，必须有政策体系的支撑。第一，进一步加快建设现代化农业体系，为区域经济协调发展打下良好基础。区域发展差距主要体现在区域之间农村发展的差距上，只有农业发展成为集约高效的现代化产业，城乡区域协调发展才有基本的保障。第二，区域协调发展首先是基础设施和公共服务的均衡发展，要进一步促进全国各地区基础设施和公共服务的均衡发展。第三，提升互联互通水平。进一步完善区域之间、城乡居民点之间的交通网络体系，为更好构建区域经济一体化打下更坚实的基础。第四，着力改善生态环境。在优化产业空间布局的同时，大力发展生态环保产业，发挥出其在优化产业布局中的积极作用。

基于区域差距扩大原因的分析，促进区域经济协调发展，应当根据我国经济转轨时期区域经济发展的基本情况，既要立足于市场经济的要求，充分发挥市场的作用，又要积极发挥政府的作用，特别是要针对具体实际，有选择性地采取政策措施。一方面，充分发挥中央政府职能，实现区域间体制环境的统一，提高全国基本公共服务的均等化水平。各国的经验表明，在不同的国家，全球化等外部环境因素对经济增长、贫困问题和收入分配的影响差别很大，其影响在很大程度上取决于国家所采取的政策。首先，加快建立统一公平的国内市场，促进区域间体制环境的统一和要素的流动，实现区域之间共同发展的局面。区域之间一致的市场经济体制环境是实现区域经济协调发展的最基本的前提。其次，加大和改善财政转移支付，提高全国基本公共服务的均等化水平。我国已经具备了逐步解决区域发展差距的条件，中央政府也有能力为促进区域协调发展提供体制、政策、资金等方面的支持。现在需要很强的政治决断，需要中央政府强有力的政治支持和政治承诺，并通过一系列具体政策措施予以保障。另一方面，实现地方政府的角色创新，推动地方政府间的区域经济合作。市场的健康发育是我国区域经济的内生变量，地方政府则是强化行政区经济的主导变量。在内生变量作用不力的情况下，地方政府权限不断膨胀，会导致其行为的失范，市场经济扭曲为权力经济，从而不利于区域经济的良性发展。只有地方政府及时转换角色，成为区域性调控主体，才能对区域经济的持续发展发挥出积极的促进作用。

产业集群与区域经济协调发展策略：第一，加强对产业集群发展的战略规划。区域政府应根据区域经济和产业集群协同发展的要求制定兼具开放性、长久性的发展规划，为区域企业营造一个政策开放、信息畅通、公平公正、持续发展的市场环境。第二，完善区域市场环境。建立更加完善的区域市场规章制度、法律法规和监管体系，保证市场竞争环境的有序性，引导和发挥市场在区域资源配置上的重要作用，提升资源流动性。第三，营造良好的区域创新环境。建立现代化信息技术平台、高度一体化的交通通信设备、完善的配套生活服务设施，提供充足的创新资金支持、良好的创新文化氛围，建立合理的运行机制以及多元化创新政策，提升创新网络节点能动力，促使区域内部保持良好的知识、技术、人才流动传播，加快实现区域技术创新、区域品牌建立，深化区域内企业与企业、企业与其他科研学术机构的信息交流合作，形成高度专业化分工的创新网络环境。第四，发挥政府的引导与协调作用。加快基础设施建设优化，提升管理制度，创造产业集群与区域经济协调发展的良好环境氛围，引导区域创新网络的建设，协调解决好区域企业内部、区域企业与其他企业发生的各种矛盾，本着公平、公正、合理、合法的执政理念，创造优良的企业生存、发展环境。第五，推进区域产业集群经营国际化。适应全球范围内的经济结构调整，深化与国外强国建交合作，鼓励国内行业区域骨干龙头企业与其他跨国公司合作形成战略联盟；引导中小企业与跨国公司建立配套协作关系，在合作交流中不断学习、成长，更好地实现区域产业经济持续、协调发展。

（二）区域协调发展战略安排

中央区域协调发展战略是基于新时代区域协调发展的新要求，保障区域发展的协同性，是鄂东地区协调发展的制度基础。相关重大战略如下：第一，在四大板块战略基础上，坚持不同板块采取不同策略，促进区域政策向着差异化、精准化方向发展，不断完善四大板块的内涵。继续实施好中部崛起战略，进一步提升中部崛起战略定位。发挥中部制造业优势，形成实体经济发展新高地。第二，在区域经济"多极并存"时代，积极培育壮大连贯东西、带动全国的若干经济支撑带，全面推进实施陆海统筹发展，构建行政区与功能区并重，"四大板块"与"多极支撑带"协同的区域发展空间布局。当前，可考虑以东部沿海经济带、中原城市群和长江中游城市群经济带为基础，建设若干南北走向的纵向经济带，以应对南北分化态势，优化区域协调发展格局。第三，提高中心城市和城市群综合承载能力，打造区域增长极。中心城市和城市群是区域经济发展重要支撑，推动城市群内形成优势产业集群。这就要求增强城市群发展的协同性，提高都市圈辐射能力，构建更加科学的城市群治理体系。既要实现轨道、地铁、高速等基础设施的硬连通，也要实现市场、服务等发展软环境的连通；强调创新和开放双轮驱动，建设更多具有国际影响力的科创中心、孵化中心、基础科学和原始技术创新平台等，打造世界一流营商环境，成为区域和全国技术创新策源地和创新思想汇集区；构建更加包容的"新老市民"融合服务体系，畅通城市群内部人口自由流动。

（三）区域协调发展新机制

区域协调发展新机制，概括地说主要有以下几点：第一，区域统筹发展机制。主要是强调国家区域发展重大战略融合发展、发达地区和欠发达地区统筹发展和陆海统筹发展。第二，区域合作发展机制。就是推动区域合作，促进流域上下游合作，加强省际交界地区合作和积极开展国际区域合作。包括地方政府间的自愿合作制度，一个反映各地方政府意愿、能获得区域内各政府普遍认同的、具有民主的治理结构的跨行政区的协调管理机构和建立长效机制；各类半官方及民间的跨地区的民间组织，主要包括区域协调发展的智囊机构、行业协会和区域性的企业集团；区域协调发展的市场机制，即区域性的商品物流共同市场、产权交易共同市场、科技成果共同市场、人力资源共同市场、信用征信共同市场、旅游文化共同市场以及区际利益协调。第三，区域互动发展机制。主要是深入实施东西部扶贫协作，深入开展对口支援，创新开展对口合作（协作）。第四，区域补偿机制。主要包括多元化横向生态保护机制、粮食主产区与主销区之间利益补偿机制、资源输出地和输入地之间利益补偿机制。第五，区域市场一体化和基本公共服务均衡化发展机制。主要是促进城乡区域间生产要素、创新要素和发展要素自由流动，加快形成全国统一大市场，以及提高基本公共服务保障能力和基本公共服务统筹层次，实现城乡间基本服务衔接。第六，区域政策调控机制和保障机制。为此，要实施差别化的区域政策，建立区域均衡的财政转移支付制度，建立健全区域政策与其他宏观调控政策联动机制等。

（四）产业集群与区域经济协调发展机制

动力机制。产业发展、区域经济提升两者间有着互利共生的内在关系，为了更好地实现生存、发展、盈利，首先需要足够的内在动力来维持这种关系，而合理的市场机制恰恰就是使它们协调发展的动力源，以价值规律作为基础的市场机制，通过调控市场供需关系、价格杠杆和市场竞争之间的相互作用，可以实现市场资源整合优化，从而提高了资源利用效率，在这种良性的市场机制作用下，产业集群发展能与当地经济发展实现相互促进互利共赢关系。区域市场机制的完善成熟程度直接影响到当地政府对区域产业集群的规划策略路线，越是市场机制成熟度高的政府，区域经济越是开放，产业集群也是向外扩张的形态，其对外部资源转化的能力强、对内部市场机制作用力大，区域内企业交互竞争关系也发展的越好；反之，区域市场机制不成熟的地方，政府对区域产业集群的规划发展相对保守，区域对外部资源转换能力弱，市场机制的不成熟导致区域生产要素与资源利用不匹配，这对区域产业经济协调发展不利。

能力机制。良好的区域网络创新环境能持续推动区域产业集群的发展，区域创新网络的核心包含有区域供应商、竞争企业、用户和相关企业；大学与科研院所等机构能与其相互作用影响，从而构成区域网络中的创新主体；同时区域内的中介机构、金融机构和政府构成了区域创新网络的支撑体系框架。网络创新机制持续支持着区域产业经济的发展，这是由构成网络创新环境体系中各层主体之间不断加深和优化的联结模式和越来越广泛的交流合作来实现的，其中大学、科研院所等科研学术机构通过创新性研发、合作为企业提供创新服务，中介、金融机构和政府为大的区域网络环境通过提供了功能更加完善、良好的创新文化氛围和社会环境。各层主体之间相互影响，不断深入合作，充分利用各自的资源优势，在区域创新网络中相互扶持、相互促进，形成一个共同有机体来加速推动区域产业经济的协调发展。

保障机制。目前，我国的市场经济秩序还没有完全建立，对区域经济而言市场还难以完全发挥其对资源的配置作用，且市场自动选择是一个漫长的过程，无法快速高效地聚集产业，这就需要政府发挥其在市场经济中强大的调控职能。多利用政府在信息获取上的优势、在区域比较上的优势依据各个地方不同的地理优势、资源优势、文化社会背景优势促进集群企业的创新积极性，更好地为培育产业集群提供合理有利的政策支持。政府还要加强支持区域企业对区域知识、技能的获取力度，为区域内企业，尤其是中介企业创造公平的竞争环境，引导各企业规范化发展。在全球价值链和全球市场相结合的大背景条件下，为保持产业集群持久生命力，政府部门可以通过加强不同区域科技合作，建设跨区域的创新体系，将区域产业引入融合到全球价值链产业体系中。

三、实践基础

（一）我国区域协调发展状况

1. 我国区域经济发展的新趋势

5月29日，中国人民银行发布《中国区域金融运行报告（2020）》（以下简称《报告》），报告指出，2019年各地区经济运行总体平稳，结构持续优化，发展质量稳步提升，三大攻坚战取得关键进展。2019年全年，我国东部、中部、西部和东北地区生产总值加权平均增长率分别为6.2%、7.3%、6.7%和4.5%，东部地区对全国经济的拉动和引领作用明显，中西部地区经济占比持续提升，东北地区经济新动能加速发展壮大。《报告》显示，2019年，区域经济金融运行主要呈现七大特点：第一，产业转型升级加快推进，区域经济结构继续优化。第三产业的贡献率比第二产业高22.6个百分点，在国民经济中的"稳定器"作用进一步增强。第二，投资结构继续改善，制造业和新兴产业投资快速增长。第三，对外贸易增长放缓，利用外资继续扩大。中西部进出口总额增速显著加快，东部地区进出口总额增速有所下降。自贸试验区引资作用增强。第四，区域新旧动能转换加快，供给侧结构性改革继续深化。东部地区积极促进结构调整和新旧动能转换，步入了以科技创新为主导的发展新阶段。西部地区全年化解煤炭过剩产能近1800万吨，宁夏淘汰电石、建材等落后产能409万吨。东北三省全年共减轻企业和个人负担1291.8亿元，关闭煤矿、淘汰落后产能及落后煤电机组工作持续推进。东部、中部和西部地区工业企业资产负债率较上年有所下降。第五，城市群协同发展态势良好，核心区域引领作用不断加强。各地围绕制度创新、营商环境优化、人才培养等方面推进创新发展，京津冀、长三角地区和粤港澳大湾区（不含港澳）对全国经济增长贡献率升至43.1%。第六，推进金融供给侧结构性改革，金融切实服务实体经济。东部、中部和西部地区各项贷款增速分别较上年末下降0.6个、0.3个和1.2个百分点，东北地区增速较上年末上升1.4个百分点。第七，金融体系结构优化稳步推进，银行业金融机构总体稳健。①

---

① 李悦. 央行发布区域金融运行报告 区域经济呈现七大特点［N］. 北京晚报，2020-06-04.

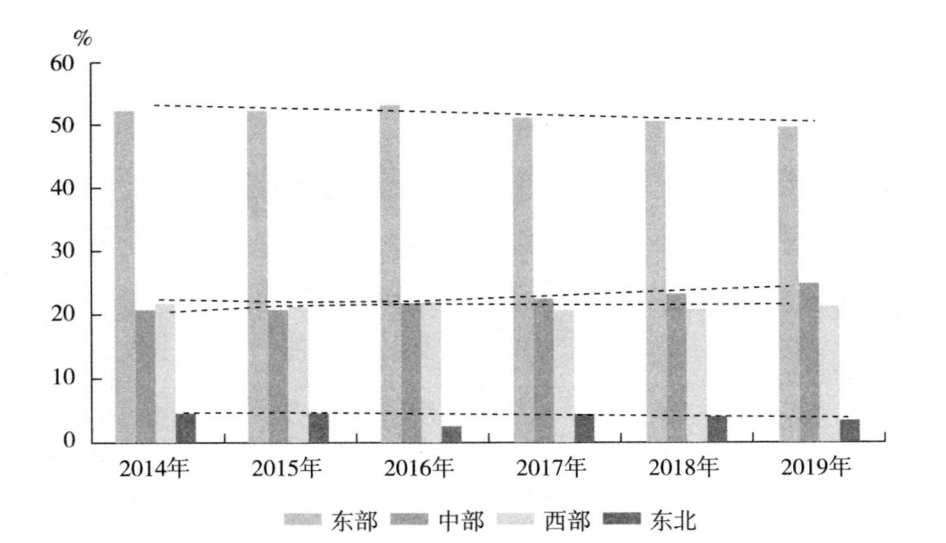

图 2-1 2014—2019 年各地区经济增长贡献率变化情况

表 2-1 2019 年各地区社会消费品零售总额比重和增长率

	占比（%）		加权平均增长率（%）	
		比上年增减 （百分点）		比上年增减 （百分点）
东部	51.1	-0.3	7.1	-1.1
中部	22.1	0.5	10.2	-0.2
西部	18.7	0.0	7.7	-1.6
东北	8.1	-0.2	5.5	-0.6

2. 我国区域经济发展的主要特点

以行政区划为边界的行政区经济。行政区经济是指由于行政区划对经济的刚性影响而产生的一种经济现象，是我国经济体制由纵向运行模式转向横向运行模式的一种区域经济类型，是我国

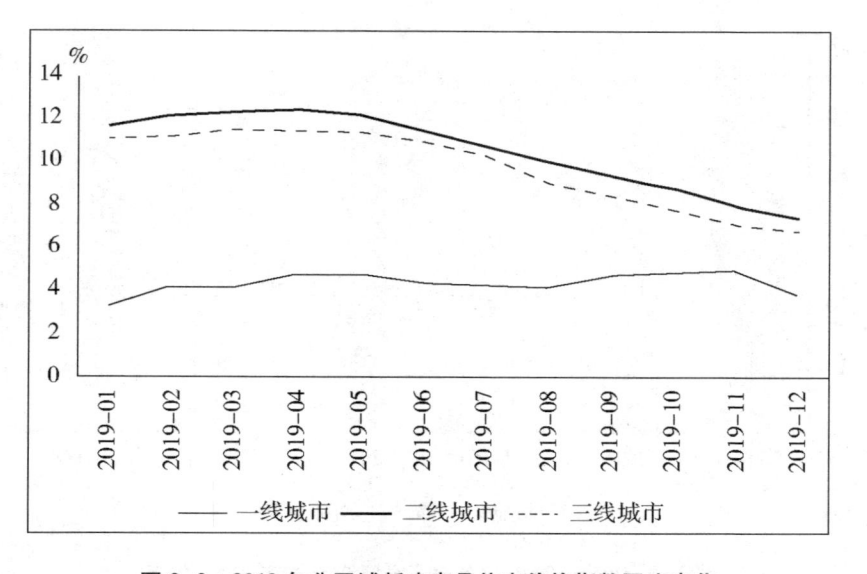

图 2-2　2019 年分区域新建商品住宅价格指数同比变化

特定历史时期的产物。行政区与经济区既有联系也有区别，经济区以行政区为基础，但又不局限于行政区。行政区是属于上层建筑的强制性制度安排，而经济区基于市场原则，其内部经济活动具有高度联系性、极强关联度。虽然行政区经济不是我国特有的产物，但世界上没有哪个国家像我国表现得这么明显。行政区经济是我国从计划经济转向市场经济时产生的，其具有过渡性，随着经济的发展，行政区经济必将走向经济区经济，但这一过渡期较漫长。行政区经济将在一段时间长期存在，将在长期内成为我国区域经济的空间场域特征。

　　以政策倾斜为主的区域政策导向。区域政策是促进区域协调发展与缩小经济差距的重要工具，被许多国家和地区采用。我国在改革开放后，区域政策开始快速成为我国调节区域经济发展的一个重要工具。区域政策作为一种制度安排，能够从制度框架层面改变区域经济发展的约束条件，拓展经济可行性空间，部分克服经济发展过程中的瓶颈。伴随我国区域发展战略的演变，我国区域政策也发生了相应的变化：第一阶段，1949-1979年的区域均衡发展；第二阶段，1979—2000年的区域非均衡发展。深圳、汕头、珠海、厦门四市成为我国第一批经济特区、对外开放的窗口；第三阶段，2000年至今区域协调发展，实施"西部大开发""中部崛起""东北振兴"等战略。

以竞争为主的区域间关系。新经济地理学将政府引入了"中心—外围"的分析框架中之后，发现区域之间不仅存在本地市场效应，而且存在区域竞争效应，区域竞争的优势将通过劳动力、技术等渠道对区域产业集聚产生影响。区域竞争主要表现在两个方面：第一，横向竞争。在一个资源有限的经济社会中，各个同级区域之间存在着对经济资源的争夺，包括物质经济资源，也包括对无形经济资源的争夺，如优惠政策、科技创新资源等。第二，纵向竞争。主要体现在上下级政府之间存在博弈，反映在对上级政府转移支付以及财权分割的竞争。自1994年税制改革以来，各地政府为了追求发展成绩，在区域经济发展过程中出现了区域间的恶性竞争，如招商大战、重复建设、地方保护主义等，产生了环境污染、产业结构不合理、资源利用效率低下等问题。我国地方政府的竞争主要集中在对于上级政府的各种税收、转移支付、优惠政策、项目审批权等方面，即主要集中在纵向竞争上。以上几种因素使得我国区域间关系以竞争为常态。

3. 我国区域协调发展的新特点和新趋势

数字经济和速度经济等新因素打破区域协调发展的固有格局。高铁、高速公路、互联网、人工智能等新基础设施代表的速度经济和数字经济背景下，新技术、新产业、新模式等因素开始超越空间距离、资源禀赋等传统要素对区域经济协调发展的影响。在高铁、高速、航空等高速、高舒适性交通设施建设以及长江黄金水道建设的带动下，东部产业向中西部转移的速度加快、规模增大。产业转移过程伴随着产业升级，中西部工业化进程和质量明显提升。人口流动趋势也与这一趋势相吻合，在全国农业转移人口总量增速大幅度下降的同时伴随着空间结构变化，人口转移增速从 2010 年的 5.4% 逐步下降至 2018 年的 0.6%。同时，2018 年的数据显示，就地就近（所属乡镇内）工作的农民工人数上升0.9%，而外出（所属乡镇外）农民工数量则下降 1.5%；在东部、东北地区就业的农民工人数减少，在中西部地区就业的农民工持续增加。

东西部差距缩小的同时，南北分化凸显。近年来，全国经济重心进一步南移，南北区域发展态势分化，南北差距持续扩大。从 2013 年起南方地区经济增速超过北方，两者增速差距越来越大。经过计算可以看出，2018 年北方地区经济总量占全国的比重为 38.5%，比 2012 年下降 4.3 个百分点。尤其是东北地区，人口流出、企业竞争力不足、经济增长乏力等问题突出。2012 年至2018 年，东北地区经济总量占全国的比重从 8.7% 下降到 6.2%，常住人口减少 137 万。如果东西差距总体是生产力布局的差距，南北差距则主要是开放、创新和经济活力的差距。

中部、西南、东南形成中国经济增长的三角稳定增长带。产业转移伴随产业升级，人口转移趋势的改变伴随中西部城市的规模扩大，中西部的工业化、城镇化质量不断提高，经济呈现稳定的中高速增长态势。西南地区重庆、四川、云南和贵州四省市GDP 增速多年位居全国前列。中部的湖北、湖南、河南、安徽等省份经济增速持续保持在比全国平均高 1~2 个百分点水平。东部长三角和珠三角各省市经济总量保持在全国前列的同时，增速普遍高于全国平均水平。未来中部、西南和东南地区将是中国经济的稳定增长带，被称为"新黄金三角"。

开放与创新成为实现区域协调发展的重要领域。全国已有 18个自贸区等开放型经济平台，"一带一路"建设、长江经济带、西部陆海新通道建设等的实施，使得重庆、四川、广西等西南省市实现了区位再造，从内陆或沿边的边缘区位劣势，转而成为开放推动的新辐射中心或新开放前沿优势。另外，创新驱动影响区域经济发展格局。从研发强度来判定未来我国区域发展分化趋势，有学者参照 OECD（Organization for Economic co-operation and Development）国家平均的研发强度，将中国各省市划分为三个板块，第一板块是研发强度超过 2.4% 的省市，已开始步入创新驱动阶段，从 2018 年的数据看，北京（6.17%）、上海（4.16%）、广东（2.78%）、江苏（2.7%）、天津（2.62%）和浙江（2.57%）六个省市处于第一梯队。第二板块是中部和西部的 13个省市区，研发强度在 1.2%~2.39%，发展仍主要靠投资驱动，但呈现出加快增长态势。第三板块是研发强度低于 1.2% 的 12 个省（市区），分布在西部和东北地区，增长动能主要是资源驱动。

城市群和都市圈成为区域发展的核心平台。随着新型城镇化加快推进，我国区域发展中的人口和经济要素越来越多地聚集到城市群。《国家新型城镇化规划（2014—2020）》明确城市群为推进新型城镇化的主体形态，并规划了 19 个城市群。从目前情况看，发展比较成熟的京津冀、长三角、粤港澳大湾区等 3 个城市群集聚了全国 38.6% 的城市常住人口，创造了 46% 左右的 GDP，还处于人口持续流入以及 GDP 占比持续提高的态势（这也是2019 年 12 月召开的中央经济工作会议提出打造的三大世界级创新平台和增长极）。以中心大城市为核心、以"1 小时通勤圈为范围"的都市圈，正成为城市群内一个重要的形态。研究显示，北京、上海、广佛肇、深莞惠等 10 个 2000 万人口以上的大都市圈，重庆、青岛等 14 个 1000 万~2000 万人口的大都市圈，这 24 个都市圈以全国 6.7 的土地聚集了 33% 左右的人口，创造了 54% 的GDP。中心城市带动都市圈，都市圈带动城市群，城市群带动区域发展的态势正在形成。为了实现各地区协调发展，我国曾提出多种经济区划方案，如沿海与内地、三大地带、四大板块、七大经济区域等，但种种方案由于划分原则、分类、指向的不同始终没有达成一致。

要素集聚与经济区的形成。在经济社会发展过程中，经济机制上的集聚与扩散、地理格局上的中心与外围、资源配置上的政府与市场、区域协作上的竞争与合作这四组关系长期存在，区域一体化是国际国内开展交流合作的大势所趋，全球范围内的欧盟、北美自由贸易区、亚太经合组织，以及我国提出的"一带一路"建议，都是国际合作的典型。我国国内也出现了各种区域合作现象，如京津冀、珠三角、长三角、海峡西岸等区域经济一体化。区域合作可有效促进不同区域间的资源互补，实现共同发展和进步。但跨区域各方合作共赢的获得感仍有待提升，主要是由于当前仍存在不少挑战：区域与地方自身发展在战略上如何共同发展？基础设施建设和产业如何布局？公共事务的壁垒如何突破？地方保护与区域合作如何协同前进？这些问题逐步凸显，以至于影响了各方的获得感。区域一体化中的问题解决需要在政府主导下进行沟通、协调与合作，即地方政府间通过高层领导人联席会议、双向经验交流和参观学习、信息资源共享、签订一系列政府间协议、人员挂职交流、联合开发等方式开展交流合作。地方政府跨区域合作获得感是地方政府间从合作中获得实惠，共享共赢，由此产生的一种正向的感受和感知。这既需要有实质性的合作获得作为支撑，也需要各方主观感知与客观供给之间相匹配。随着交通网络与信息化技术的进一步发展，经济区的空间范围进一步泛化，区域经济联系进一步增强，市场与政府之间的良好互动关系（即市场主导与政府引导相结合），以及在"共建、共进、共保、共赢、共享"原则下的政府间的竞争与合作将会长期存在。

（二）日本区域协调发展的经验启示

日本作为人多地少的东亚国家，在人口资源环境压力等方面和中国比较相近，应对人口规模减小和社会快速老龄化所进行的国土空间规划模式及其政策调整，对于中国国土空间规划具有借鉴价值。

重视内外协同和交流互动的区域规划。由于受到自然、经济、社会、技术等方面的影响，日本存在比较明显的人口和经济活动"过密过疏"现象，如何进一步依托区域文化历史资源和区域特色，振兴区域经济成为重要使命。根据"国土形成计划法"的要求，日本编制了除北海道和冲绳外的八大区域的广域地方计划（即区域规划），以突出各自优势并强化区域内外之间的协同、互动和交流。广域地方计划共同的措施包括：通过完善必要的基础设施和扩大存量效应，提升生产率和产业竞争力；通过官民结合创造魅力观光区域，扩大影响力；通过防灾减灾、老旧设施改造增强国土韧性，以确保安全和安心；培育和确保支撑区域发展的人力资源，形成可持续的区域。

对中国国土空间规划及建设的若干启示。在当前中国正在致力探索国土空间变革和方向的关键时期，借鉴日本国土空间规划政策调整及其相关实践的经验和教训，中国的国土规划和建设应该有新理念和新变革，具体体现：第一，国土开发模式应强调集约和紧凑型发展，优先发展多功能复合社区或建筑综合体，改善交通出行条件，对于城市、街区、社区进行适老化改造，鼓励营建无障碍的安全、安心、宜居国土，满足社会不同群体特别是老年人群体对美好生活的期待，真正使国土空间规划、营造体现和践行"以人民为中心"。第二，发挥区域的积极性，从国家主导的国土空间规划向双层（国家与区域）规划体系转变，从重视大尺度（国家）向区域尺度和都市圈尺度转变。除了国家主导编制全国国土规划外，在国家主管部委（自然资源部）指导下，各大区域联合编制区域规划。配合国家发展和改革委员会关于促进现代化都市圈发展的指导意见，编制都市圈尺度的国土规划，侧重于提供中心城市和周边地区的互动和交流设施，提供集约、紧凑和易于交流的社区空间和促进优质生活圈的形成。①

（三）国内区域合作的成功范例

1. 江阴模式（包括演变的宁波模式）

在长三角中，江苏处于长三角的极其重要的一边。沿长江有苏南的苏、锡、常、镇、宁，苏中的通、泰、扬等八市。沪宁铁路、沪宁高速公路、长江水道使其与长三角龙头上海紧密相连。江阴长江大桥、苏通大桥、润扬大桥沟通了大江南北的无锡—泰州、苏州—南通、镇江—扬州，沿江联动开发有着区域协调发展的必然性。②

江阴、靖江两市分属无锡、泰州两个不同区域。1999 年江阴长江大桥建成通车后，经济水平较高但是土地资源、长江岸线资源十分匮乏的江阴市谋求跨江发展战略，主动和靖江实施联动发展，以谋求双赢。2001 年底，两市政府成立了江阴、靖江沿江开

---

① 李国平. 深度老龄化社会的国土空间规划［N］. 光明日报，2020-02-27.
② 易耀秋. 江苏跨江联动开发对长三角区域经济发展格局的导向价值［J］. 江苏经济，2018（11）.

发促进会。2003 年 8 月，江阴经济开发区靖江园区正式挂牌成立。该区位于靖江市南侧，规划面积 60 平方千米，首期启动 8.6 平方千米，拥有 11 千米的黄金岸线。该项合作得到了江苏省委、省政府的大力支持，无锡、泰州两市积极协调配合，江阴、靖江两市政府成立了联动开发协调委员会。以 9∶1 的比例共出资 1 亿元成立了投资公司，用市场化运作方式进行园区的开发建设。以江阴为主的园区管委会负责园区的投资、建设、招商，靖江市政府在园区成立了办事处，负责园区范围的社会事务和开发建设的协调工作，实现了开发建设和社会事务管理的统筹安排和适度分离。省局直属的工商、地税分局进入，江阴派驻了国税、环保、技术监督、口岸查验等管理部门，靖江在园区成立了国土、水利、公安、规划监察等管理机构。联动开发的管理体制初步形成。2006 年，园区完成工业生产总值 23 亿元，财政收入 1.3 亿元，4500 名失地农民重新就业。

江苏江阴—靖江工业园区成立于 2003 年 8 月 29 日，处在国家沿海经济带和沿江经济带"T"字型的交汇点，是江阴、靖江两市跨市、跨江联合投资开发的省级开发区，江苏省联动开发的先导区、示范区。目前，江阴、靖江两市。一是在招商引资上按照"优势互补、共同发展、市场运作、各得其所"的原则，建立了两市和开发区、沿江办的合作机制，在客商介绍、项目推介、人员往来、信息交流等方面作出明确规定；二是在开发区建设上实施"区中园"模式。规划建立 60 平方千米的江阴开发区靖江园区，整合江阴的产业优势和靖江的土地、江岸优势；三是实施口岸统一管理。以国家一类口岸江阴口岸管理靖江二级口岸，带动靖江的对外开放；四是连接两市的公交线以汇聚人流；五是以项目为载体加强企业合作，投资与参股并举，建立了跨行政区企业集团。例如，江阴长博公司在靖江投资了修造船及仓储物流中心项目，江阴中燃公司在靖江投资建设油品储运码头项目，江阴双良集团在靖江投资高科技项目；江阴海澜集团、扬子江船厂分别参股靖江十圩船厂、金泰钢结构公司项目。江阴、靖江的跨联合尚处于"联而难合"。一是受制于行政分割，仅为二（县）市开发区的联合，尚未形成两（县）市行政联合；二是开发资金乏力，在税收留成上被地市、大桥收费站二方取走；三是在项目立项、审批上未享受计划单列市的权限；四是两岸基础设施硬件难以对接，江阴的基础设施条件远比靖江先进；五是两市均由省收过大桥费，制约了两岸的频繁交往。

江阴、靖江跨江联动开发的有益启示。其一，经济区域的扩大是发展的必然。在相邻的两个增长极之间，先进地区必然辐射相对后进地区，而相对后进的地区必然要接受辐射；其二，跨江海大桥是重要的经济发展轴。大桥能形成两岸生产要素的重新集聚、裂变、扩大；其三，跨江联动开发能有效地利用江岸资源，发挥自然资源和各自的比较优势求得共同发展；其四，行政壁垒是区域经济一体化的主要障碍。不打破这一壁垒，区域经济是不能发展的。

2. 南京模式

南京提出了"以江为轴、跨江发展、呼应上海、辐射周边"

的总体发展思路。2002 年 5 月将原浦口区和江浦县合并，设立新的浦口区，定位为南京新型的科教文化区；把原大厂区和六合县合并，设立六合县，定位为南京的现代工业区。南京城市的空间因此几乎扩大了一倍，由原来的 2598 平方千米，一下子扩容为 4737 平方千米。像世界上很多跨江发展的城市一样，由"临江发展"到"跨江发展"，南京的跨江发展也是从建桥开始破题，南京规划 2010 年建成 11 条过江通道，这段"天堑"将成为南京城中之江。①

3. 南通模式

南通通州湾示范区，沪苏跨江合作的典范新城，"江苏与上海的一体化试验区"。发挥通州湾紧邻上海、与上海经济互补性强的优势，支持通州湾建设上海的协作区、配套区和功能延伸区，为通州湾承接上海产业转移和溢出效应提供配套。示范区与上海金桥开发区、张江高科技园区、西北物流产业园等园区开展合作，学习上海园区先进经验，推进与上海市新材料、上海市生物医药、上海地产会、上海物流与仓储等协会合作，在上海推介通州湾，促进产业招商。2016 年以来，已招引上海方向创业团队 21 个。目前，通州湾已经成为江苏江海联动、陆海统筹发展的先导区，成为承接上海产业转移和"溢出效应"的经济腹地。

锡通科技产业园是南通市与上海、苏南城市跨江合作建设园区的一个缩影。全市各地先后与上海、苏州、无锡等地合作共建

---

① 孙都光，洪绍明 . 皖江城市跨江联动发展 ［J］. 中国城市经济，2010（4）.

市北高新（南通）科技城、苏通科技产业园、锡通科技产业园等12个园区。合作共建园区带来的新理念、新模式、新举措，打破了传统园区在规划建设、招商引资、产业融合等方面的惯性思维，推进了合作开发。江海联动重点打造三大板块，第一板块是吕四港。主要推出港口产业、以重装备为主体或者是港池来进行开发的，同时配套相应跟上海互补的物流产业。第二板块是滨海园区通州湾地区，主要以港产城融合发展为主体，有港口物流和港口重型造船、海工装备以及跟上海、苏南地区相配套的产业。第三块是如东板块。主要是以洋口港开发为主体，发展一体化物流。

4. 杭州模式

杭州由西湖时代走向钱塘江时代，使得城市规模迅速扩大，城市面貌日新月异。1996年5月，经国务院批准，钱塘江南岸萧山市的浦沿镇、长河镇、西兴镇和余杭市的三墩镇、九堡镇、下沙乡划入杭州，杭州城区得以跨江发展。杭州市政府在钱塘江南岸新设滨江区，与萧山、余杭逐渐融为一体；2001年2月，国务院批复萧山、余杭两市撤市设区，使杭州城市行政区域面积达到3068平方千米，从而奠定了环杭州湾经济圈的中心位置，同时也带动了萧山、余杭两地的发展。①

5. 安徽模式

安徽省委、省政府一直高度重视沿江城市群发展。1990年7月，作出了开发皖江的重大决策。2004年"中部崛起"战略提出

---

① 孙都光，洪绍明. 皖江城市跨江联动发展 [J]. 中国城市经济，2010（4）.

之际，安徽首个进入"国字号"区域规划——"皖江城市带承接产业转移示范区"正式获得国务院批准，在《长江经济带开发开放规划纲要》中勾勒出了安徽十字型经济区。① 目前，以芜湖、马鞍山、铜陵为领军城市的发展势头异常迅猛，安庆、池州的发展速度不可小视，芜、马、铜三市向长江沿岸深度辐射的效应正在快速形成。但由于行政区划的限制，这样的辐射也就只能辐射沿岸一侧，另一侧则无缘享受相邻城市快速发展所带来的好处。② 在此基础上，安徽又进一步提出统筹布局，推动皖江城市（同城化）和跨江发展战略。"十二五"期间安徽经济真正进入黄金发展期，建立了能够与长三角城市平等竞争的发展平台（有人戏称进入"富人俱乐部"），即皖江东段城市圈，突破行政区划限制，开发了"大芜湖"跨江城市组团。突破了体制制约和行政分割，构造"行政有区划、发展无界限"的格局。

6. 关中模式

关中—天水经济区是我国继上海浦东新区、天津滨海新区、武汉长沙城市群之后，与北部湾经济区、成渝经济区一起成为国家新的经济区。关中—天水经济区是国家于 2009 年 6 月正式批准的西部大开发重点经济区之一。成立一年后，经济区"七市一区"签署了战略合作协议，建立了关中—天水经济区市长联席会议制度及政研、教育、人才、科技、文化、旅游、工商、文联等合作组织和长效合作机制，在跨区域合作治理方面取得了一定的

---

① 孙都光，洪绍明. 皖江城市跨江联动发展［J］. 中国城市经济，2010（4）.
② 孙都光，洪绍明. 皖江城市跨江联动发展［J］. 中国城市经济，2010.4.

进展。主要有：建立了科学的决策机制，包括公共信息共享制度，组建精简、高效、科学的决策机构，加强区域内的规划统筹；建设区域内地方政府间的公共政策协调机制，包括公共产品供应政策的基本协调、财政政策的基本协调、税收政策的基本协调、金融政策的基本协调；构建合作互动的利益分享和补偿机制；建立有效的约束机制，主要包括各方在合作中应遵守的规则、违规行为的认定、违规后应承担的责任，只有对合作中的非规范行为做出惩罚性的制度设计，对违反游戏规则的机会主义者予以充分的惩罚，才能使违规者望而生畏。[①] 关中—天水经济区合作说明：利益共享是地方政府跨区域合作获得感提升的根本起点，生产力发展是地方政府跨区域合作获得感提升的现实基础，开放交往理念是地方政府跨区域合作获得感提升的思想先导。

[①] 王宏波. 论关中—天水经济区地方政府间跨区域合作的障碍及合作机制的建构 ［J］. 宝天论坛论集，2013（5）：156-162.

第三章

黄石跨区域合作的障碍

改革开放以来中国区域经济的快速增长。但随着经济快速发展，市场要素的流动和配置开始超越行政边界，原有的体制机制和政策体系就难以有效推动区域主体之间的良性竞争合作，大量存在恶性竞争导致产业趋同、土地浪费、环境污染等问题。推动区域协调发展过程中如何适应社会主要矛盾的变化，满足人民对美好生活的需要，破解发展不平衡、不充分问题，也就成为迫切需要回答的问题。

一、制度——制度安排失当

制约区域协调发展的问题很多，突出问题是体制性障碍和机制性矛盾。

（一）传统的制度惰性

"制度具有极大的惰性。"旧制度的功能丧失，并不等于制度的结构消散，对人的约束不会戛然而止。同时，旧制度产生的绩效，将对新制度的产生及其发挥的作用产生深刻的影响。很多新的制度的产生不得不考虑旧制度的影响，而且新的制度的产生与其他相关制度的变迁相伴而行。社会主义制度的确立之初，中央政府不但重视在全国建立独立的工业体系，还特别强调在大区、某些省份建立自己独立的工业体系，从而形成了封闭的或自成体系的工业布局。这种传统的计划经济制度的绩效——条块分割、画地为牢的经济分散化和分割化，"大而全""小而全"的封闭的或自成体系的地方工业布局，重复建设，扩大了交易成本，阻碍了地区间分工和交换的发展，已成为以市场为取向的区域经济协调发展的障碍。澳大利亚学者奥德丽·唐尼索恩（Audrey Donnithome）将这种独特的经济现象比喻成"蜂窝状"经济。

（二）失衡的制度安排

制度安排是指支配经济单位之间，可能合作与竞争的方式的一种安排。"事实上，我国东西部的差距首先表现为制度上差异，然后才表现为经济上的差距"。失衡的制度安排产生了非均衡的发展战略，非均衡的发展战略又使得地方利益不断强化。改革开放以来，许多制度是在试点后才逐步推广的，这就造成了地区制度安排上的不均衡，主要表现在制度供给的速率、密度等方面的区际差异。

处于不同发展阶段的区域主体，对推进协调发展关注的问题不同。东部区域主体更加关注制度性障碍、开放和创新能力的协同和基本公共服务的便利化等关系发展质量的问题。处于发展追赶阶段的中部区域主体更加关注产业协同、连接东部地区的基础设施、创新投入等增长问题。西部地区作为经济发展的后发地区，更加关注如何融入"一带一路"，充分利用国内国际市场，发展特色产业，拓展经济发展空间。东北地区处于转型阵痛期，关注的是改变产业单一状况、完善营商环境、加大改革力度、在国家高质量发展进程中找准自身定位。而且试点地区需求引致型制度变迁与地方政府的中间扩散型制度变迁相结合，制度安排具有明显的内生化特征，制度的实际利用率高；而其余地区则强制型制度变迁比较多，制度产生的经济效益也小。

（三）财政分权制度的缺陷

财政体制是经济体制改革突破口，财政分权的目的是打破各级财政同吃"大锅饭"、中央集权过度的局面，扩大地方财权，调动地方政府增收节支的积极性。但是，财政分权后，财权与事权不统一，仍按行政隶属关系划分收支范围，依然存在中央、地方与企业利益的联动关系。为增加地方财政收入，地方政府会大力发展地区性生产，这就助长了地区封锁、市场分割和重复建设，干扰全国统一市场的形成和资源配置的优化。

（四）制度实施不全面及监督难

虽然已经建立了一系列合作制度，但各地方政府可能在实施制度的过程中存在选择性，有利于提高本地区利益的制度安排则积极实施；对于本地区利益暂时益处比较小，但是长远来看有利于区域可持续发展的公共利益时，则会持观望态度，要么拖延实施制度，要么不实施。当地方政府有选择性地实施制度安排时，制度实施不全面的现象就会发生。而且，在制度实施过程中，由谁来监督制度的实施效果，也是个难题。地方政府跨区域合作中，监督主体不仅要付出时间的代价，而且还要考虑监督的公正性和有效性。在理论上，人们会选择不监督规则的执行，即使是自己设计的规则。因为监督对于监督者和被监督者、惩罚对于惩罚者和被惩罚者都是高成本的，而监督和惩罚带来的利益又可能被全体合作参与者所占有。监督和惩罚在某种程度上成了公益物品，会产生"搭便车"的问题。当地方政府认为不惩罚不遵守诺言者比惩罚更有利于自己时，他们很可能消极地对待惩罚。如果应该被惩罚的地方政府没有得到惩罚，那么实际上不监督行为变相地得到了激励，这就会影响到地方政府间的持久合作。

（五）协调机制不完善

第一，跨区域利益共享共担机制问题。飞地经济、共建园区在经济与社会统计特别是经济总量核算分享，农用地占补平衡以及税收分成等利益分享方面缺乏有效的制度安排；跨区域重大项目建设的投融资机制不完备，尤其是公共性、基础性、通用性的跨区域重大项目建设，缺乏有效的投融资机制保障，建设和运营机制也亟需创新、完善，导致跨区域的基础设施建设特别是断头路、瓶颈路建设协商难、衔接难、建设难。

第二，城市群发展的突出问题。首先，城市群内部城市发展水平整体比较低，县域经济发展滞后，城乡差距明显。其次，中心城市多呈内敛式发展，辐射带动能力有限。多数城市群内部结构不协调，缺少次级中心城市，一体化程度低，中小城市发展活力普遍不足。最后，城市群内部没有形成良好的分工协作格局。多数城市产业定位缺乏全局高度的协调。对于跨省域的城市群，政府之间协调能力不足。

总体上，区域之间和区域内城市之间尚缺乏充分的纵向和横向联系；区域之间尚未构建起有利于推动区域协调发展的体制机制；区域发展战略格局逐渐细化，各发展战略区之间缺少衔接、缺少协调，区域发展规划碎片化问题凸显，地区间整体规划的衔接问题还没有纳入专项研究。未来区域协调发展突破点在于建立健全更加有效的体制机制和政策体系。

二、政府——制度扭曲下的政府失效

（一）地方政府经济利益主体地位的确立

行政性分权改革部分地确立了地方政府的经济地位，增强了其独立的利益目标，使地方政府成为市场发育中的关键性组织者和推动者，也获得了前所未有的发展区域经济、谋取地区利益的权力和能力。在强烈的利益动机驱使下，地方政府必然运用其权能追求本地区经济的高速增长。

经济发展的不平衡是跨区域合作的客观障碍。近年来，随着国家区域发展战略的实施，相互间经济发展的不平衡问题仍较突出。发展水平不同，则意味着不同的利益诉求，意味着合作的利益和成本的分配是不平衡的。首先，经济发展不平衡表现为各地区企业处于产业链的不同位置，这虽然有利于发挥各自的比较优势，但也容易产生各种摩擦；其次，经济发展不平衡还体现在各地区法治环境与市场制度的差异上，这种差异既不利于深层次的合作，又增加了法律、政策协调等方面的成本。可以想见，如果没有相应的机制来改善这种不平衡的状况，则难免会使一些合作伙伴失去合作动力。

（二）行政区划的束缚

这是地方政府间跨区域合作的重要障碍。就目前而言，经济区各地方政府间的合作关系基本沿袭着过去的计划框架，这一区域行政制度客观上助推着地方政府的利益最大化倾向。经济区各地方政府既竭力保证辖区利益不"外溢"，又力图使辖区成本外部化。经济交互作用过程中，地方政府的利益刚性使得他们或保持自身的相对封闭或运用"超优策略"而交往，其后果往往因"超优均衡"而陷入"困境"，并屡屡诱发"非合作博弈"。而且，我国现行的地方政府绩效评估采用的是自上而下的模式，并以行政区划内的地方政府业绩对比作依据，它客观上助长了地方政府本位主义倾向的扩张，以至于原本可能会达成的合作因地方政府的自利性而基本丧失。

由于行政区划、区域市场壁垒、地方封锁保护等现象仍然存在，市场一体化建设缓慢。一些地方提出"首台套"重大技术装备在跨地区销售中不能享受相应的资金、政策、保险等支持。另外，区域市场监管标准、处罚标准不统一，自由裁量权不一致，跨区域执法联动难等。跨行政区划创新治理体系亟需探索建立，聚焦关键核心技术合力攻关机制有待强化，区域内的自贸区、港口、航空等重大开放平台和基础设施的协同机制也需要加快构建。

（三）GDP 为核心的地方政绩考核机制

改革开放以后，中国需要迅速发展经济。由于种种误解，经济增长被简单地理解为 GDP 的增长。在一个以经济建设为全党中心工作的时代，GDP 理所当然地成为对各级领导工作绩效的考核指标。任命制加上以 GDP 为核心的考核指标，使各级地方政府不惜一切手段追求 GDP。用这种因利益需求产生的发展区域经济的冲动去管理经济，各地区势必会构筑各种显性和隐蔽的行政和贸易壁垒。政府为了保护本地利益，防止税源外流，就经常采用行政手段干预生产要素的流动，人为制造区域壁垒，进行各种激烈的政府间竞争等行为。

官员的政治激励与绩效评价使原本通过市场合作可能达成的双方利益最大化无法实现。地方政府在政府本位的价值指导下，绩效评估指标多涉及产值、税利指标，很少涉及人和社会的发展指标，许多地方官员为"指标政绩"而工作。顾客至上的价值、公共责任的价值、投入产出的价值难以在地方政府绩效评估体系中得到较为真实的体现。显然，现行行政区划下的地方政府绩效评估制度已成为区域合作的障碍。

传统的以行政边界为单元的政绩考核体系、绩效评价体系不适应区域协调发展需要。在以 GDP 为主要考核指标的情况下，各地区在发展产业、GDP 核算、税收分成等方面存在竞争关系，突出反映在各地发展规划内容雷同、招商引资的恶性竞争等，表现为跨区域深层次产业联动发展机制不畅通，产业关联度不高，区域合理分工、优势互补的产业格局难以形成。

统筹协调机制建设不足。当前，武汉城市圈区域协作和协商机制建设较为滞后，对产业规划的指导作用发挥不够，武鄂黄黄产业同构现象突出，城市之间相同产业竞争激烈，产业合作少。比如武钢、鄂钢、大冶钢铁之间本应有密切的关系，但实际上产业协作甚少。此外，鄂东地区在产业选择方面基本都有发展电子信息技术、生物医药、新材料和新能源，由于武汉市在资本、人才和资源的利用方面又具有绝对优势，所以示范区内的同类型产业竞争中缺乏核心竞争力。

（四）地方政府竞争行为异化

由于各个地方政府越来越具有其独特的利益主体特点，在以GDP为核心的政绩考核体制的促动下，产生了一系列阻碍区域协调发展的异化行为：一是省级间的政策大战。省级间竞争间接地通过各自与中央政府的直接博弈体现出来，目的在于取得政策倾斜或政策优先。这种行为一方面可能破坏省级之间以及省级与中央之间的经济均衡关系，另一方面可能妨碍国家政策安排效率的发挥；二是行政干预地区金融资源配置。三是设立区域壁垒。区域壁垒也是地方政府试图将外在性内在化的行为，它主要表现为三个方面：①阻止短缺的产品流出；②禁止与地方政府的直属企业的产品以及有竞争力的产品进入；③阻止相对稀缺性较高的生产要素流出。四是容易忽略规模经济和技术更新换代的要求，一味地盲目投资、重复建设，导致地区间产业结构趋同，从而降低了资源配置的效率。

三、市场——政府失效下的市场失灵

（一）市场机制作用受阻

市场作用受阻造成经济格局的僵化。由于国企改革滞后、政府审批和金融体制等各方面的限制，民间投资在许多领域受到排挤，地方利益格局不断强化，市场竞争面临重重困难。淘汰机制难以发挥作用，生产要素的流动受到阻碍，错误决策不能得到清算，无效投资除了给地方留下沉重的债务包袱之外，盲目投资的生产能力也很难及时退出和清理，其结果当然是生产过剩的固化和"重复建设"的加剧。这些都会导致区域经济不均衡发展，最终导致区域间的不协调发展。

（二）劳动力市场发育滞后

中国劳动力市场的几个显著特点：一是区域间农村劳动力的转移速度不同。沿海地区相当一部分农村劳动力已由农业转移至乡镇企业，而内陆地区的农村劳动力则缺少这样的机会。二是劳动力市场分割。劳动力市场分割是指由于政治、经济等外在制度因素或者经济内生因素的制约，使劳动力市场划分为两个或多个具有不同特征和不同运行规则的领域。不同的领域在工资决定机制、工作稳定性、劳动者获得提升的机会等方面有明显的区别，使得劳动力市场出现分块的现象，而且劳动者很难在不同块的市场之间流动。Caietal（2002 年）指出中国劳动力流动的 84%发生在地区内，他们的计量分析也证实了劳动力市场的扭曲是形成地区差距的一个重要原因。另外，文献中常常忽视的一点是劳动力的非同质性。对于技术性的劳动力而言，跨省、跨地区的流动相对比较容易，他们趋向于在沿海地区找到报酬较高的工作。然而劳动力的这种流动对于地区差距的影响作用则是模棱两可。一方面，从内陆到沿海的技术性劳动力源源不断地向家乡汇款，从而促进了内陆地区的收入增加。另一方面，技术人才的流出会抑制家乡生产力的提高，从而可能拉大地区差距。

（三）资本要素流动受限

为实现地方利益最大化，在金融市场上，货币资本的流动很大程度被限制在特定的区域内部。这主要是地方政府扭曲投融资机制的结果。一方面，我国国有专业银行实行总行和地方政府双重领导制度，专业银行分支行并没有完全独立于地方政府，银行在业务和发展环境方面需要地方政府的支持。地方政府为了加快地方经济的发展，总是采取各种手段使银行支持地方投资。在中央政府允许设立非国有银行和非银行金融机构的条件下，地方政府普遍存在扩大本地区金融组织规模的冲动。千方百计地增设非国有银行和非银行金融机构及其分支机构，并千方百计地对其施加影响，使它们最大限度地为实现地区经济利益的最大化服务。另一方面，地方政府常插足直接融资。具体表现在：首先，地方政府直接发行债券筹资用于投资；其次，地方政府积极鼓励所辖区域内企业发行债券或股票筹资用于投资；最后，各地方政府积极争取在本地区开设证券交易所，鼓励发展证券公司，地方政府通过发行认购证便可以得到极为可观的收入。在金融资源一定的条件下，某地区获得的资金多，其它地区获得的资金就会相对减少，金融过度竞争的结果必然是中国地区间的投资的不平衡。

（四）信息不对称

所谓信息不对称是指：在关联双方之间，一方拥有较多的有效信息，而另一方只拥有较少的甚至不拥有有效信息，造成双方在拥有有效信息数量上的差异。我国地方政府具有双重身份：一方面，它是中央政府在一个地区的"代理人"，它要服从于中央政府的利益；另一方面，它在一定程度上又是一个地区的"所有者"，通过组织与运用经济资源可以增进自己的利益。前者要求地方政府出"政绩"。但"政绩"的大小主要不在于地方政府做出的成绩本身的大小，而在于同参与跨区域合作治理的其他地方政府"政绩"的比较优势。信息是一种重要的资源，占有较多的信息资源意味着容易获得"政绩"的比较优势。地方政府跨区域合作制度创立的过程中可能存在隐瞒信息的现象。人为的隐瞒和由于技术达不到而造成的信息不对称，会增大制度实施的阻力。不确定性和信息的不完善使社会合作和对未来的期待处于脆弱和不稳定状态之中，个体利益与社会整体利益的背离变成经常性现象。因此，环境的不确定性、信息的不完备性以及由此带来的交易费用的增加，是市场制度发展的障碍。

（五）经济布局与资源空间分布的匹配关系趋于恶化，生产组织成本加大

第一，大量的劳动力、资源、能源等生产要素及商品都必须长距离、大跨度流动或调动，并且呈现规模越来越大、距离越来越长的趋势；流通费用比重与发达国家相比要高出 10 多个百分点，如 2009 年我国生产总值约为日本的 96%，然而全部货运量却为日本的 2.6 倍，货运周转量超过日本的 11 倍。第二，经济布局与人口空间分布失衡，区域发展不协调性依然较大。有些重点地区可能集聚了较高的 GDP，但人口占比相对较低，如长三角的 GDP 占 20% 左右，而人口才不到 10%；有些欠发达地区的 GDP 较少，但人口集聚较多。目前，我国地区发展水平的差距仍然较大，如以 2016 年的数据为例，天津市人均 GDP 最高，是最低的甘肃市人均 GDP 的 4.2 倍。第三，板块间、板块内部和地区间分化明显。这个分化不仅出现在"四大板块"间，而且在"四大板块"的内部和各个地区之间都出现了，对全国 280 多个城市进行了分析，同在东部地区的城市之间的差距、分化也是越来越明显的。经济增长"南快北慢"，2013 年后两者之间经济增速差距已逐渐扩大。从城市的变化来看，除个别的城市外，北方城市在全国的地位明显下降，如大连、天津、沈阳和北京的差距是越来越大的，和南方城市的差距则更大。从经济占比上看，东部地区为稳定全国经济大盘发挥中流砥柱的作用，中西部地区保持稳定增长态势，东北地区对全国经济支撑贡献力量持续下降。在板块内部，同为西部的西北地区增速持续逊于西南地区，重庆、贵州、云南明显增长强劲，持续领跑全国。部分资源型地区增速下降明显，如甘肃 2018 年经济增速为 6.3%、内蒙古则为 5.3%。第四，对城镇化空间无序扩张问题长期缺乏有效对策。一些地方不顾发展实际，以城市群、新城新区、大学城、特色小镇等概念，竞相扩展城镇化用地空间，侵占大量生态用地和农业用地。从 1996 年年底到 2009 年，13 年间中国耕地减少了 1.4 亿亩，年均减少 1000 多万亩。第五，社会经济与自然基础的适应关系没有得到切实改善。虽然在经济发展上取得了很大成效，但生态环境的消耗也是比较大的：荒漠化面积越来越大，目前有 264 万平方千米，占全国的 27%；沙漠化面积有 174 万平方千米，占全国的 18%；水土流失面积有 356 万平方千米，占全国的 37%；石漠化面积有 12.96 平方千米；酸雨面积有 320 万平方千米左右。第六，区域协调的发展体制机制依然不健全。一是户籍、土地、资金等要素流动机制不畅通；二是财税体制，如一般性转移支付规模偏小、专项转移支付名目繁多；三是资源和生态补偿机制尚未形成；四是对区域规划缺乏法律保障。

四、具体障碍因素

以黄石与黄冈的合作为例，作为两个平级的地级市，同样需要面对湖北省政府按照行政区划的行政考核压力，由于目前考核指标是按行政区划的经济区域编制，这样的考核形式使得黄石和黄冈政府为了实现其政绩指标，在制定规划、出台政策、建设基础设施时无法做到立足于区域全局，有时候不得不惜牺牲经济区域内的整体利益，相互视对方为对手，按照利益最大化原则发展各自的经济，导致两地规划无法对接、行政壁垒存在、缺乏激励性的利润分配机制、基础设施无法共享等问题。

（一）两地规划无法有效衔接

黄石、黄冈两地政府在制定区域经济发展政策以及产业规划时的各成体系，也造成了区域间经济合作及产业合作的障碍。由于部分基础设施专项规划缺少有效统筹，规划综合性不强，且与城市总体规划、土地利用总体规划等专项规划衔接不够，造成基础设施布局不尽完善，结构不尽合理。目前黄冈、黄石两地各种要素和产品无法流畅地转动起来，市场的竞争压力和配置功能没能发挥充分作用，限制了区内经济潜力的释放以及功能节点网络的形成，使产业无法进行垂直分工，形成了对大多数过热产业的趋同。如两市目前都在规划中提出要积极发展港口物流业，构成了竞争态势，已建、在建和待建的万吨以上码头泊位共 19 个港口。其投资建设都由当地政府主导，各地均以自己认定的腹地计算货源，这样很可能因为计算不合理而导致建成后货源不足，浪费巨大。当年由国家投资、深水泊位最佳的宁波北仑港区，可接纳第五代甚至更大型集装箱船，但是宁波港的经济腹地货源不足，又缺乏长三角内部的货源支持，港口的设施能力迄今未能充分施展。而上海又耗巨资在洋山建类似港口，就出现了这样的问题。

（二）跨区域合作中的行政壁垒问题

1. 导致政府间无序的优惠政策竞争。

为了完成既定的引资任务，吸引到更多的资金流入本辖区，相邻的地方政府难免会选择对区域整体经济最不利的结果，也就是采取不合作的恶性竞争措施，给予进入本地的企业低于市场成本的资源，造成了国家资源的浪费，阻碍了经济的发展。如长三角 16 个城市之间为了吸引外地企业落户当地，争夺资本、人才等生产要素，各个地方政府在税收、土地使用费、待遇等方面竞相实施优惠政策。这表面上会给企业降低商务成本，但实际上却加大了政府成本。不仅如此，政府依靠竞争优惠政策干预市场的后果表现为：首先，资本流动、人才流动不受市场调节和市场选择，而是由政府选择和调节，所形成的生产要素价格也不是真正的市场价格。如台湾积体电路制造股份有限公司在长三角选择投资地时，一些地方曾承诺给予十免十减半的税收优惠政策。其次，在土地转让上，政府通过财政贴补，以大大低于成本的价格向外商提供土地，如苏南一些地方实际成本一般为 15 万元 1 亩的土地却可以按 6 或 7 万元的价格出让给外商。这种政策上的恶性竞争虽然在短期内可以给某些城市创造效益，但从长远来看，却扰乱了整个区域的经济秩序，削弱了整体竞争力。

2. 两地城际软硬件设施衔接乏力

受利益的驱动，跨区域基础设施建设往往不能做到科学建设。按照黄石、黄冈实现跨江合作发展的战略构思及设计的目标来看，两市链接部分的综合交通网建设仍然存在很大不足，主要表现在：一是两市的沿江地区长江航运的潜能尚未充分发挥，高效集疏运体系尚未形成。二是两市间适应经济建设需要的铁路、公路运输能力不足，道路承载能力不足。三是网络结构不完善，覆盖广度不够，通达深度不足，技术等级高的公路不多。四是各种运输方式衔接不畅，铁水、公水、空铁等尚未实现有效衔接。综合交通枢纽建设亟待加强。五是城际铁路建设滞后，城际交通网络功能不完善，不适应城镇化格局和城市群空间布局，两市居民要实现"双城"生活，成本还有待降低。六是两市联通的道路设施老化，缺少快速路，基础设施条件有限，建设资金缺乏。如果黄石、黄冈各自为政，在自己管辖的范围内进行基础设施建设，在双方交界处的基础设施就无法做到有效对接。

（三）经济成果的分配机制不明晰

中央和地方以税种为基础的分税机制，使地方政府有追求扩大本地经济规模的动力，促使地方政府寻求本地"财源"的扩大。当行政区划和经济区划出现非重合的时候，"政绩"成果的分配（GDP 计算等）、经济成果的分配（税收分配等）、建设成本的分摊比例和出资形式都成为制约跨区域合作发展的客观因素，当两个城市的发展非均衡的时候就特别明显。

（四）基础设施无法共享，存在重复建设的现象

受现行的许多财政、税收、投资等方面的政策和机制制约，再加上项目业主各异，导致区域基础设施一体化的布局建设难以到位。虽然省市已初步建立了沟通协调机制，由于没有相应的配套政策和利益共享机制，导致基础设施布局建设协调管理难度较大，区域性基础设施共建共享步履缓慢。这些都使得各类区域性基础设施网络难以互联互通，离区域内实现"交通同环、电力同网、金融同城、信息同享、环境同治"还有很大的距离，制约了区域基础设施一体化的发展。

第四章

依托顺丰机场推进黄鄂黄区域合作发展

　　黄（石）鄂（州）黄（冈）城市密集地区是武汉城市圈东部发展轴的重要载体，同时也是湖北省长江经济带东端的主体区域，该区域的整体率先发展是武汉城市圈和湖北省的重要支撑。近年来，黄鄂黄地区出现对接发展态势，城镇空间以交通、产业为导向进行拓展。区域经济一体化已成为黄鄂黄地区重大战略和重要内容，基础设施建设一体化是区域经济一体化的突破点，也是区域内各方开展合作的重要基本条件。黄鄂黄地区要率先实现基础设施一体化，为高效整合区域内资源、加速区域经济一体化进程提供强有力的支撑，为武黄鄂黄地区率先实现基础设施现代化打下良好的基础。

一、顺丰机场及其区域一体化发展中的作用

（一）顺丰机场概况

顺丰集团是一家成立于 1993 年 3 月的速运企业，主要经营国际、国内快递及报关、报检等业务。顺丰集团是目前国内业务量最大的民营速运企业。截止 2015 年 7 月，顺丰已拥有近 34 万员工，1.6 万台运输车辆，19 架自有全货机遍布中国大陆 34 个省、自治区和直辖市 300 多个大中城市、1900 多个县级市或县区，以及 12260 多个海外的营业网点，顺丰集团航空业务增长幅度高达年均 70%。2015 年，顺丰国际航空货运枢纽机场决定落户鄂州。鄂州将成为顺丰高端快递的全货运机场的首选地，成为顺丰的全国核心枢纽，1.5 小时飞行能覆盖经济、人口占全国 90% 的地区。全部建成后，该机场将是全球第四、亚洲第一的货运空港集散中心。顺丰的发展目标是打造一个能够比肩世界的货运专业枢纽，支撑起顺丰承运高端快递业务的基础。

2013 年武汉发布了国内首个《综合交通枢纽总体规划》，规划在江南新建第二机场，主营货运业务；2017 年 12 月 13 日，湖北省政府与顺丰集团签订《关于湖北国际物流核心枢纽项目合作协议》；2019 年 1 月 1 日，国家发展改革委发布《国家发展改革委关于新建湖北鄂州民用机场工程可行性研究报告的批复》通

知，同意新建鄂州民用机场。鄂州顺丰机场与武汉机场一东一西相互呼应，有效地辐射了周边地区。空运、铁路、水路、公路在鄂州机场场址附近纵横环绕，能够提供丰富的多式联运物流方案。1000千米半径内辐射五大国家级城市群（京津冀、长三角、珠三角、长江中游和成渝）、七大区域性城市群（山东半岛、辽中、海峡西岸、关中、中原、江淮和北部湾）。作为全球第四个，亚洲第一个专业货运机场的顺丰机场将在2020年建成，2021年投入使用。其1000千米半径内，2小时飞行圈可覆盖全国90%的经济产值，80%人口，一日可达世界主要城市的独特优势。作为将来可预见的航空货运枢纽，其影响重大。不仅能协助武汉大都市区达成"客货双枢纽"发展战略，对于整个鄂东经济区以及长江经济带都有非常好的联动发展作用。正是在这种背景下，顺丰机场应运而生。鄂州顺丰机场的建设是我国加强国际合作、实现区域经济结构转型升级以及推进对外开放的重要举措，也是促进我国现代物流业加快发展和完善航空物流业供应链的重要支撑。

依据国内航空都市区的一般发展规律，机场临近区的产业分布与机场的距离成正比关系，形成临空经济圈。花湖开发区紧邻机场核心区，为开发区的产业分布抢得了得天独厚的先机。空港运营区通常位于机场周边的1千米的范围内直接服务于机场运营，包括机场的基础设施机构和与空港运营相关的行业，临空指向性最强，如航空公司总部、飞机维修及后勤服务、航材供应、航空配餐、航空维修、旅客服务（候机、食宿服务、零售商业、休闲娱乐、汽车租赁等）、货运服务（运输、仓储、货物装卸、货运代理、物流服务、海关、自由贸易区等）。空港紧邻区通常位于机场周边的 1 千米~5 千米范围内布局临空指向性较强的产业，如航空物流、高科技制造、研发机构、商业贸易、休闲娱乐、金融、保险、酒店、会展、会计及审计、呼叫中心服务等信息服务产业；为空港运营、航空公司职员和旅客提供相关的商业服务（住宅、大型超市、金融机构、生活服务设施等）。空港相临区通常位于机场周边的 5 千米~10 千米范围内临空经济区规划和研究的重点，主要分布利用机场交通优势的高时效性、高附加值相关产业，如会展中心、总部经济、研发机构、高端住宅、教育培训、休闲旅游业、数据处理、中介及咨询、信息及高新技术产业、电子元件与附件制造、医疗器械制造与供应、药物制品批发及配送、电器配送、公共仓储业等产业。外围辐射区通常位于机场的 10 千米~15 千米范围内受机场辐射、影响最小，分布的产业大多和机场的活动没有直接的联系。包括为前三个临空经济区域提供二次服务的产业、外围辐射区原有的产业、住宅房地产业及受到机场宏观区位优势吸引转移过来的经济活动。

推进武鄂黄黄一体化发展，以黄石大冶城区为中心，以鄂城、葛店、黄州、浠水、蕲州、武穴、黄梅等城镇为主要节点，主动对接武汉，连接九江，加强跨区域协同合作，建设黄鄂黄沿江城镇连绵带。以湖北国际物流核心枢纽机场、武汉航运中心等重大基础设施建设为契机，省级指导，市际合作，加大交通、能源、市政设施、信息化建设等方面的协同对接，突破行政限制，探索建立共建共赢新机制，推进区域一体化发展。

（二）顺丰机场及其临空经济区的建设意义

1. 提升区位优势，完善交通结构，加速区域交通设施对接

顺丰核心枢纽将首要建设货运专业机场，目标是以货运为主，兼顾客运，建立完善口岸设施的 4E 级国际货运枢纽。武汉航空、高铁、公路、水运网络发达，但天河机场位于武汉北部，对黄鄂黄地区的辐射能力较弱，在武汉东侧的鄂州建设物流机场，填补了鄂东地区航空运输的空白，完善了该地区的交通结构。同时，鄂州、黄石、黄冈三地高速、铁路、水运交通线网密集，顺丰机场进驻，进一步提升该地区的交通区位优势，是对长江综合立体交通走廊的重要补充，直接惠及武鄂黄黄地区。在全球化背景下，机场是实现全球互联互通的基础设施支持。顺丰机场在提升武鄂黄黄地区交通区位，完善交通结构的同时，将形成以机场为交通枢纽，以高速公路、高速铁路、货运铁路、骨架路网等为主，辐射武鄂黄黄地区的区域交通体系，加快区域交通设施的对接。

2. 强化区域产业关联度，促进武鄂黄黄地区产业发展和黄石产业转型

顺丰机场及其配套都市区建成后，在武鄂黄黄地区将形成以机场物流平台、生产服务、高端制造为核心，仓储物流、科技研发、会议会展、电子商务等配套的航空物流产业集群。航空物流产业集群将不再仅限于一地、一市，而是以武汉、鄂州为中心，黄石、黄冈为产业核心区，向武汉城市圈和长江中游城市群辐射，对武鄂黄黄地区的现代物流产业发展是一次巨大的机遇，促进武

鄂黄黄地区现代物流产业整合、融合。

图 4-1　顺丰机场功能

黄石已确定"鄂东、赣北、皖南的区域性综合交通物流枢纽"和"五大基地"的发展目标。顺丰机场和临空经济区的发展，将极大促进黄石电子信息、生物医药、现代物流等相关产业发展，加速黄石"国家电子信息产业基地""国家生命健康及生物医药产业基地"建设，加快黄石"四大物流园区"和区域物流枢纽建设。

3. 引领推动黄鄂黄地区新型城镇化发展和区域一体化

顺丰机场和临空经济区的建设，加强了黄鄂黄地区空间联系。作为区域性重要交通枢纽，其在推动区域产业协作、实现区域统筹发展、一体化发展方面将起到核心和引领作用。鄂州黄冈市区和花湖地区作为机场相邻区，其空间功能、用地供给需要优先考虑机场产业需求，用地空间布局受顺丰机场的直接影响。

二、黄鄂黄地区一体化发展现状

（一）武鄂黄黄区域发展现状概况

1. 各城市发展概况

随着长江经济带开放开发的推进，以沿江综合立体交通走廊为抓手的黄鄂黄地区基础设施投资建设大大增加，通过改善市政基础设施带动新区发展，从而推动了城市向外快速扩张。

黄石市提出"生态立市、产业强市"的发展战略，跨越磁湖向南发展黄金山新区、向西形成铁山—还地桥工业组团、东面沿江开发西塞—新港组团，形成"一脊两翼"的空间发展格局。黄石市一方面通过黄石经济开发区和沿江西塞—新港工业园的发展，引导城镇空间的沿江拓展；另一方面通过大冶城北工业园区的逐步壮大，引导黄石城镇空间南向对接，促进黄石、大冶同城化发展步伐。

鄂州市提出，以五大功能区为支撑平台，形成"南北互动，城乡融合；功能划区，组群集聚；一带两轴，空间拓展；一三一一，全域一体"的空间布局结构。鄂州市西接武汉，充分利用武汉东部地区、东湖自主创新示范区和阳逻经济开发区的发展，依托葛华科技新城，加强与武汉的产业对接；东部与黄石市黄石港区无缝对接，加快建设花湖工贸新城，同时强化公路、城际铁路的综合交通体系，构筑沿江东西向的城镇空间拓展主轴线。鄂州通过湖北国际核心枢纽机场引发城市转型，通过区域协同、同城化发展提升城市地位。

黄冈市形成沿大别山和沿江两条经济带，其中沿江经济带以黄冈市区为中心，以武穴市为副中心，以浠水、蕲春、黄梅县为县域中心。黄冈市大力推进城东开发区建设、推动鄂东滨江新区建设、小池滨江新区建设、黄冈沿江经济带建设，且都取得一定成就。江北地区的黄冈市向东发展 106 国道沿线及环白潭湖周边区域；向北发展黄团公路及禹王大道两侧区域；向南发展南湖片区。但沿江的其他县市城镇受到产业发展水平和规模的限制，以及交通条件的制约，还处于散点状自发增长阶段。

进入 21 世纪后，武汉凭借长江流域开放开发和国家实施"中部崛起"战略契机，武汉城市圈被批准为全国"两型社会"建设实验区、国家自主创新示范城市、中部地区中心城市，迎来了前所未有的发展机遇。优化城市空间布局，构筑"1+6"城市空间框架；强化主城与新城的分工协作，突出空间协调发展；提升主城功能，大力发展现代服务业；大力发展新城组群，打造现代制造业高地和宜居新城。

2. 黄鄂黄地区对接发展概况

黄鄂黄地区在进入 21 世纪后，出现对接发展态势。城镇空间以交通、产业为导向进行拓展。目前已初步形成以武汉为中心，铁路、公路、水运等多种运输方式相衔接，连通全省和全国的综合交通运输体系，其中，高速公路网基本覆盖区域所有县（市），内河航道网以千吨级航道为骨干，主要港口主航道均满足万吨级船舶通航要求。初步形成 500 千伏双回路内外环电网骨干网架，覆盖黄鄂黄主要城市，以及覆盖长江两岸主要城市的天然气主干管道。初步建成区域和流域相结合，以取水、供水、用水、排水、水生态保护和防治水害为主体的水资源管理机制，区域水资源开发利用体系和水政策法规体系初步形成，水务一体化改革稳步推进。基础通信网络已在黄鄂黄建成依托各市域的核心环，有线电视光缆干线网覆盖区域所有市、县（区），形成空中、地面、水下的立体通信传输网络，基础信息资源一体化建设初见成效。这些都为实现黄鄂黄地区基础设施一体化打下了坚实基础。

总体而言，黄鄂黄地区江南部分已逐步呈现出城镇、产业、交通的一体化发展趋势，而江北部分相对发展速度较缓，亟待产业和交通的带动。

3. 存在问题

目前，黄鄂黄基础设施建设一体化仍存在一些突出问题亟待解决。

一是缺少统一的综合性基础设施规划。由于部分基础设施专项规划缺少有效统筹，规划综合性不强，且与城市总体规划、土地利用总体规划等专项规划衔接不够，造成基础设施布局不尽完善，结构不尽合理。

二是行政管理体制障碍问题突出。各类基础设施的规划、建设及营运分由不同部门管理，线网状工程经过多个行政区，在项目规划、选址、建设进度、管理机制、技术标准等方面常有分歧。

由于缺乏区域基础设施建设一体化协调机制，难以对区域性基础设施进行综合性管理和有效协调，在一定程度上形成"多头管理、诸侯割据"的发展模式，致使资源的整合与一体化的要求还有一定差距。

三是基础设施共建共享的机制不完善。受现行的许多财政、税收、投资等方面的政策和机制制约，再加上项目业主各异，导致区域基础设施一体化的布局建设难以到位。虽然省市已初步建立了沟通协调机制，由于没有相应的配套政策和利益共享机制，导致基础设施布局建设协调管理难度较大，区域性基础设施共建共享步履缓慢。这些都使得各类区域性基础设施网络难以互联互通，制约了区域基础设施一体化的发展。

（二）黄鄂黄地区区域一体化发展分析

1. 武汉城市圈区域空间布局要求

武汉城市圈提出：构建"一核、一带、三区、四轴"的区域发展格局，以鄂州市区、黄石市区、黄冈市区为主体，加强城市空间和功能对接，打造产业集聚走廊，培育黄石成为区域副中心城市，形成武（汉）鄂（州）黄（石）黄（冈）城市带。

重点建设黄石市区、大冶市，鄂州市鄂城区、华容区，黄冈市黄州区。

2. 各城市发展目标与定位

早在 2008 年，《武汉城市圈空间规划》就提出重点打造武鄂黄黄城市密集地区，是武汉城市圈城镇化的主体和核心密集区；

而且在 2010 年的《湖北省城镇化与城镇发展战略规划》中再次提出要率先推动武汉城市圈东翼建设，重点是加强引导武鄂黄黄城市密集地区的城镇建设，成为省域发展的最强核心空间。近年来武鄂黄黄城市密集地区中心城市编制的总体规划，对于各市在区域中所处的地位提出了更高的要求。

表 4-1　武鄂黄黄城市密集地区各城市规划目标

城市	性质及职能	资料来源
武汉	武汉是湖北省省会，国家历史文化名城，我国中部地区的中心城市，全国重要的工业基地、科教基地和交通通信枢纽。	《武汉市城市总体规划（2010—2020）》
黄石	性质：长江中游城市群区域性中心城市，先进制造业基地。 职能：武汉城市圈副中心城市，鄂东、赣北、皖南的区域性综合交通物流枢纽，长江中游城市群先进制造业基地；湖北省重要的资源型城市转型示范市，湖北省历史文化名城、山水宜居城市。	《黄石市城市总体规划（2001—2020 年）（2015 年修订）》
鄂州	性质：鄂州是武汉城市圈内核城市和鄂东城市群中心城市，省级历史文化名城，生态旅游胜地，绿色制造基地，区域性物流中心和交通枢纽。 职能：（1）发展冶金及钢铁深加工工业；（2）发展生物医药、精细化工、电子信息、新材料等高新技术产业；（3）发展新型建材、轻工机械、服装等轻型加工业；（4）发展区域性物流产业；（5）发展服务于武鄂黄黄的区域性房地产业；（6）建设区域性旅游、会议、培训、体育基地；（7）建设武汉城市圈绿色农产品生产、加工基地。	《鄂州市城乡总体规划（2009—2020 年）》
黄冈	性质：湖北省区域性中心城市、省级历史文化名城，武汉城市圈核心集聚区的新型产业基地，滨江滨湖生态园林城市。 职能：实施"一区两带"战略，拓展空间，集聚产业，全力打造武汉城市圈重要的现代制造业基地、全省绿色农产品生产加工基地、中部地区生态宜居城市和文化教育名城、全国革命老区建设示范区。	《黄冈市城市总体规划（2012—2030）》

3. 黄鄂黄区域一体化发展策略

对接武汉，建设武鄂黄黄沿江城市带。黄鄂黄区域发展，必须强化与武汉的对接。武汉作为中部地区的中心城市、武汉城市圈中心城市，对周边地区的辐射带动作用巨大。目前，武汉大力实施南向发展战略，在空间、产业等方面积极与咸安、鄂州等地区对接。鄂州葛店开发区积极承接武汉光谷产业，湖北国际物流核心枢纽建成后，鄂州将纳入武汉的直接辐射范围。武汉的空间拓展，将促进武鄂黄黄城市带的全面发展，加速城市带在空间一体、产业合作、基础设施对接等方面的发展建设。

以黄石为中心，实现黄鄂黄地区一体化发展。黄石是武汉城市圈副中心城市。虽然近几年受城市转型的影响发展较慢，但是在调整产业结构、完善公共服务、加快基础设施建设、促进市域全面发展等方面稳步推进，城市综合服务能力优于鄂州和黄冈两市。黄石以"生态立市、产业强市，建设现代化区域中心城市"为发展目标，大力建设各大产业园区，新兴产业快速发展，节能减排工作扎实推进，"五边三化""八园六带"全面建设，人均可支配收入快速增加，棚户区改造深入推进，投融资体制等改革深入推进，政府履职能力实现新提升。同时黄石市市域经济发展迅速。大冶市在全国百强县排名不断上升，实现五年五进位，2016年排名第83位。阳新县地区生产总值高速增长，入选中国最具投资潜力特色魅力示范县200强。黄鄂黄地区一体化发展，无法回避武汉的中心地位，如果将鄂州比作武汉的"后花园"，那么黄石就是武汉的"别院"。黄石应保持自身的特色，同时成为武汉在鄂东地区以及向中游城市群辐射的核心支撑点。

以沿江轴线为核心，向两翼拓展。2016 年发布的《长江经济带发展规划纲要》提出了"一轴、两翼、三极、多点"的格局。即以长江黄金水道为依托，发挥上海、武汉、重庆的核心作用，以沿江主要城镇为节点，构建沿江绿色发展轴。发挥长江主轴线的辐射带动作用，向南北两侧腹地延伸拓展，提升南北两翼支撑力。黄鄂黄地区受幕阜山地形影响，城镇发展空间主要在沿江一线集中，黄鄂黄三地应发挥沿江带在空间、产业、基础设施等方面的优势，以重点组团（城镇）为中心，沿江轴向对接为重点，逐步向南北两翼辐射，在鄂东地区形成连绵的城镇带。

以重大基础设施为先导，推动区域全面一体化发展。黄鄂黄地区拥有优越的区位、交通、资源等优势，但在产业发展等方面相对较欠缺。黄鄂黄地区应利用区位、交通优势，以重大基础设施建设为先导，进一步强化在交通、市政设施等方面的优势地位，带动产业、公共服务配套、生态建设等方面的整体提升，提高城镇化发展的综合竞争力。黄鄂黄三地应以交通、能源、市政、信息化等重大基础设施共建为契机，加大在产业合作、公共服务设施共享等方面的合作，推动区域一体化发展。以枢纽型、功能性、网络化的重大基础设施建设为重点，建设能力充分、衔接顺畅、运行高效、服务优质、安全环保的黄鄂黄现代基础设施一体化体系，构建黄鄂黄"一小时城市圈"，促进黄鄂黄融合发展。到2020 年，区域基础设施协调机制初步完善，实现基础设施统一规划、互联互通、共建共享，基本实现基础设施一体化。到2030年，黄鄂黄基础设施协调机制更加完善，一体化管理体制更为健全，全面实现基础设施现代化。

（三）武鄂黄黄区域一体化中黄石战略定位

在新的历史条件下，黄石抢抓机遇，重新审视自身的城镇化战略地位，闯出一条新路，竭力从资源枯竭型城市向生态宜居型城市转型。近年来，黄石在城市转型中抢抓机遇，闯出一条新路，面对资源枯竭型城市转型的压力，科学适时地提出生态立市、产业强市，建设鄂东特大城市的发展目标，按照武汉城市圈副中心城市、长江经济带重要战略支点城市的新的区域定位，抓住重要的战略机遇期，实现转型发展、跨越发展。

1. 中国生态城市发展示范市

随着近代以来黄石工业的高速发展，大规模的资源开采、冶炼所造成的生态环境破坏异常严重，环境治理修复的任务十分艰巨，可持续发展面临一系列矛盾和问题。因此，黄石在区域城镇化发展战略中应着力由资源枯竭型城市向生态宜居型城市转变。根据这一新定位，今后我们在抓建设和上项目时首先就要用生态的"标尺"进行考量，把可持续发展放在首位，大力实施产业转型城市基础设施建设、生态环境治理和旧城改造等"三大工程"，加强生态环境整治和生态保护和棚户区、爆震区、塌陷区、尾砂库区及水土流失区居民聚居点的改造，促进人口、资源与环境的协调发展和我市经济、社会的全面发展，打造中国生态城市发展示范市。

根据中国生态城市发展示范市的新定位，黄石市在保持经济高效运转的条件下，探索了经济社会发展和生态建设共进的集约发展模式。持续探索不以牺牲农业和粮食、生态和环境为代价的新型城镇化、新型工业化、新型农业现代化的协调科学发展的新路子。以科学发展为主题，以加快转变经济发展方式为主线，在生态系统建设、生态产业体系构建、城乡统筹发展、区域协调互动等方面先行先试、率先突破。按照坚持生态优先，促进绿色发展、节约集约实现内涵发展、强化载体推动产业升级、以人为本保障改善民生等原则，促进黄石生态产业体系的建立，争创全国环保模范城市和生态文明示范市。

黄石市委、市政府关于"生态立市、产业强市"的发展战略，提出了力争2017年建成国家环保模范城市，同时，制订了三个阶段推进实施的步骤：首先，从现实情况看，黄石市做好了生态城市规划的布局，围绕"优化布局、错位发展"编制了新一轮全市发展规划。划定好生产、生活、生态空间开发管制界线，落实用途管制，特别是环大冶湖生态开发区的500平方千米的开发布局，通过招商引资、高新产业的推动实现产城融合，并以新港物流工业园为引擎，加速推进黄石城镇化。其次，着力推进工业结构的战略性调整，大力发展循环经济和低碳经济，大力发展现代服务业和优化特色现代农业，构建现代产业体系，实现"绿色转型"。改造提升钢铁、有色金属、建材三大支柱产业，淘汰污染严重的落后工艺和设备。培育壮大科技含量较高、能源消耗低、

84

环境污染小的特色产业，从产业形式上消除资源粗放型生产造成的环境污染。最后，严格环境准入。实行建设项目环保"一票否决制"，摒弃危害群众健康的高污染项目，坚持环境影响评价和"三同时"制度，严格建设项目环保审批，实行"六不批"，对不符合产业政策、不符合有关规划、不符合主体功能要求、不符合清洁生产要求、达不到排放标准和总含量控制目标项目一律不予批准制度，未经环评的规划不得审批，要坚决杜绝不顾生态环境的简单经济增长。

总之，黄石市政府有关"生态立市，产业强市"的发展战略及举措为黄石市建成国家生态城市发展市提供了有力的支撑。

2. 长江经济带重要战略支点

黄石市位于长江中游南岸，长江岸线全长 73 千米，黄石中心城区地处长江经济带湖北段的最东段，有条件成为武汉城市圈对接长三角，辐射鄂、赣、皖的"桥头堡"。因此，在长江沿岸城市中，黄石具有相当的优势，黄石应按照长江中游区域性中心城市、长江经济带的重要战略支点城市进行重新定位。

（1）交通运输功能新定位。黄石应是鄂、赣、皖毗邻地区的综合交通枢纽，长江中游物流基地、外贸中转枢纽港，沿江水公铁空管多式联运中心和湖北交通门户。

（2）经济转型功能新定位。黄石应是长江经济带特钢和铜产品精深加工基地、先进制造业基地和辐射鄂东、皖西、赣北的区域性商贸物流中心。

（3）对外开放功能新定位。黄石应是湖北对外开放的"桥头堡"、长江中游承接沿海产业转移示范基地。

（4）生态建设功能新定位。黄石应是打造全国生态文明先行示范市，创建国家循环经济示范市、国家森林城市、环保模范城市和国家生态市。

（5）创新引领功能新定位。黄石应成为创建全国资源枯竭城市转型示范区和长江经济带经济转型示范市。

3. "中四角"经济发展新增长极

国家"十二五"规划纲要明确提出："建设长江中游城市群，加快构建沿长江中游经济带，大力促进中部地区崛起。"根据中央精神，一直以来，长江中游城市群都以武汉、长沙、南昌为核心，包含武汉城市圈、长株潭城市群和环鄱阳湖城市群共 29 个城市的中部经济发展区，而在今年 1 月份的合肥市"两会"上，市长首次提出了"中四角"概念，因湖北、湖南、江西、安徽四省都有自己的城市圈，四省省会连接，正好呈现四边形。因此，黄石市委、市政府抓住机遇，积极推动、融入和对接长江中游城市群，共同打造以武汉、长株潭、环鄱阳湖、江淮四大城市群为核心的"中四角"新增长极，进一步提升黄石的发展层次和空间。

增长极理论认为受力场的经济空间中存在着若干个中心或极，产生类似"磁极"作用的各种离心力和向心力，每一个中心的吸引力和排斥力都产生相互交汇的一定范围的"场"。这个增长极可以是部门的，也可以是区域的。根据该理论，区域经济发展主要依靠条件较好的少数地区和少数产业带动，应把少数区位条件好的地区、少数条件好的地区和少数产业培育成经济增长极。其实早在 20 世纪 80 年代，湖北省有关部门和专家就提出建立由武汉市、黄石市、黄冈市和鄂州市组成的武鄂黄黄城市带的设想，但由于种种原因，这一设想并未完全进入省政府决策并得以实施，主要原因之一就是黄石市作为区域增长极未能有效发挥作用。"中四角"这一新概念提出后，武汉作为全国的经济中心之一，承担着服务全国及华中地区的部分职能。而鄂东区域人口超过一千万（除武汉外），面积超过两万平方千米，需要一个较强的次增长极。黄石市应把握这一重要战略机遇，重新定位，充分展开区域协作，作为一个区域经济一体化的桥梁城市，发挥新增长极应有的作用。

4. 湖北省域副中心城市（"一主三副"）

黄石是继武汉之后在湖北建立的第二大城市，有着悠久的历史和光荣的传统。改革开放三十多年来，黄石市经历了起伏跌宕的发展变化。在"七五、八五"时期，湖北省委、省政府提出"一特五大"发展战略。在继续发展特大城市武汉市的同时，将黄石、荆州、襄樊、宜昌和十堰市作为大城市来规划发展。湖北主要城市中明显形成三个梯队，论总体实力和城市形象，黄石处于第二梯队的领头羊地位。但在 20 世纪末的最后十年间，黄石市步入衰退。到 21 世纪的头十年，湖北省提出"两圈一带"的全新发展格局，武汉市长期形成一枝独秀，而襄阳和宜昌异军突起成为省域副中心，"一主两副"的格局基本形成。早在 2004 年 4 月 7 日，中共湖北省委办公厅转发了《省发展和改革委员会关于加快推进武汉城市圈建设的若干意见的通知》中就已指出要加快黄石市发展成为城市圈次中心的步伐,当时已有一部分专家提议以黄石为"副中心",但由于黄石地域狭小、人口较少,能否担当起城市圈地位而饱受争议。直到 2007 年,湖北省政府批准的《武汉城市圈总体规划》才明确将黄石市列为"副中心"城市。

其实,黄石作为湖北省重要的工业城市,有着雄厚的工业基础、人力资源优势和长期的科教文化积淀优势等都是城市圈内除武汉外其他城市所不具备的优势。更有黄石市在长江经济带新一轮开发中的综合交通枢纽的优势地位。黄石市与九江市相比,九江的港口资源优势不及黄石,其港口吞吐量达年 20 万箱,黄石却是其十分之一。重要的是九江市是江西省副中心城市,黄石市并不是湖北省副中心城市,其支持力度的缺乏影响了黄石经济社会发展战略地位的提升。另外,作为武汉城市圈的副中心城市,黄石市在与武汉的合作共赢上效果不明显。突出黄石市作为湖北省副中心城市的地位,取得湖北省委、省政府的政策支持和重点投入,根据省区域城镇化发展战略中黄石"东部塌陷"的实际情况,依托"黄金走廊"的开发战略机遇把黄石市作为湖北省域副中心城市将有利于助推湖北区域城镇化的协调平衡发展。

5. 武汉城市圈循环经济示范市

循环经济作为一种新型经济发展模式,其最大的特征是物质与能量的梯次使用和闭合循环,合理使用自然资源,做到低投入、高利用、低污染。黄石作为武汉城市圈的次中心城市,以武汉城市圈循环经济示范市的新定位,通过"自然资源—产品—再生资源"的循环模式来实现"低消耗、低排放、低污染",克服传统经济"资源—产品—污染排放—末端污染治理"的线性流程所带来的"高消耗、高排放、高污染"等诸多弊端,从根本上消除长期以来一直困扰经济发展与环境保护之间的矛盾。

随着我国经济的持续快速增长,能源对国民经济增长的瓶颈效应日益显著。一方面,主要能源资源的不可再生性和有限性导致能源供给短缺;另一方面,传统能源产业的粗放型经济增长方式是投入高、消耗大、污染大。今后,能源对我国经济的制约作用还会持续加强,我们面临的挑战将更加严峻。因此,在经济建设中,黄石市需要针对经济系统的物质代谢生命周期全过程的"源头",在生产环节大力实施生态化转型,改变现有的粗放型发展模式,引入循环经济理念,将黄石打造成武汉城市圈循环经济示范市。

三、黄石有效对接顺丰机场的战略

(一) 做好与顺丰机场的规划对接

1. 做好顶层规划设计

为了对接顺丰机场,要积极向湖北省争取,将黄石纳入机场临空区的"大规划",统筹考虑区域空间、交通、产业等布局,系统谋划、一体推进。为了确保信息对称、利于对接,建议争取省指挥部增设黄石、黄冈为"观察员"单位，派员参与重要会议、活动和规划评审。在省级"大规划"下，黄石市要搞好自身的"小规划"，科学谋划交通设施、产业发展、服务配套等对接。组织专家和相关部门深入分析顺丰机场建设对黄石市交通格局、产业格局、城市空间格局的影响，详细论证顺丰机场建设带来的投资机会以及对黄石市现有产业的影响，进行战略谋划，从项目投资、产业布局、经营模式调整等维度，制定黄石市对接顺丰机场的战略方针和具体措施。

成立自由经济区，有效对接临空经济发展。在鄂东区域协同发展的总体规划下，黄石市可尝试成立自由经济区，在设立的特定区域内，下放部分行政权力、减免地方税、土地使用费等优惠政策，吸引企业投资入股。同时，允许企业直接建设物流、制造等建筑设施。增加企业运营年限。放松政府管制并进一步加强行政支持，在自由经济区内开放教育、医疗等服务行业，政府投资建设大量绿地和休闲娱乐设施，全方位提高自由经济区的服务意识、发展意识、国际化意识。

统筹谋划、多措并举，做大做强黄石市空港产业，增加空港经济要素保障。一是积极争取上级财政支持，争取省级财政在年度财力性转移支付上给予倾斜，支持发行专项债券及通过省级债转贷筹集资金。二是积极争取省级统筹解决黄石市建设用地指标，按照国家级、省级重点工程的标准，在省级层面解决项目用地需求，对耕地占补平衡、建设用地指标等统筹予以解决。三是协同黄冈、鄂州共同推动空港产业发展。加强与黄冈、鄂州的规划对接，在三市之间形成空港经济产业链布局，实现空港产业的合理分工，共同推动形成更大范围的空港经济发展协作局面。

2. 科学规划临空经济区布局

以体制创新为突破口，根据临空经济区重点产业的空间布局，科学规划、统筹安排、大力加强顺丰机场周边空间资源的整合，以顺丰机场为核心，打造紧邻空港圈层的结构布局。

临空经济区空港区（1 千米范围内）。包括机场的基础设施机构和为空港运营、航空公司职员和旅客提供相关的商业服务。主要包括为航线、航空直接服务的产业，如航空食品、飞机保养等；为乘客服务的产业，如餐饮、商店、汽车租赁等；为机场工作人员和乘客服务的产业，如宾馆、餐饮、汽车租赁等；为机场货运服务的产业，如运输、转递、海关以及自由贸易区等。

临空经济区紧邻空港区（1 千米~6 千米左右）。该区域主要布局为：打造黄石市综合物流产业园以及跨境电商产业园。顺丰机场客货比例为 1 ：9，巨大的货运量带动临空经济区物流产业集聚发展。物流带动模式可成为黄石市对接顺丰机场临空经济区的首要模式。跨境电商的发展离不开物流，物流产业园和跨境电商产业园同时规划、同时发展、同时招商，打造新的经济增长点。

临空经济空港相邻与交通走廊沿线区（5 千米~10 千米左右）。基于物流产业园和跨境电商产业园的规划，黄石保税物流中心的建设无疑将成为新的经济增长点。重点发展临空经济空港相邻与交通走廊沿线区的高技术产业，如特钢新材料、电子信息、高端智能终端、医疗器械、生物医药等高技术产业和现代制造业。

临空经济辐射区（10千米～15千米左右）。此区域为临空经济区内产业链条延伸灵活的区域。加强城镇基础设施建设，改善临空经济辐射区的自然环境。提升地区政府的办事效率，树立良好形象。加强科技知识教育、专业培训，提高居民综合素质，为临空经济区内产业链条延伸产业的发展奠定基础。

作为鄂东区域性中心城市，作为长江中游第一条开通的公铁水多式联运港口城市，不管是物流，还是商贸业态、金融服务、学校医院等公共资源，黄石的成熟度明显高于周边。除了临空经济空港区和紧邻空港区可能落地于鄂州以外，黄石市有能力打造临空经济空港相邻与交通走廊沿线区及临空经济辐射区。

3. 构建临空经济区的战略体系

黄石对接顺丰机场构建临空经济区的总体战略为：依托顺丰机场和黄石现有的产业基础，整合资源、创新体制，以综合物流产业园、跨境电商产业园为引擎，以特钢新材料、电子信息、高端智能终端、医疗器械、生物医药等高技术产业和现代制造业为支撑，打造黄石市空港保税物流中心，进一步增加经济总量，优化经济结构，全面构建"要素集聚、链条完善、特色鲜明、充满活力"的临空经济区。

构建临空经济区的战略目标。近期战略目标是重点发展综合物流产业园以及跨境电商产业园。在顺丰机场的集聚效应下，充分发挥物流产业的集聚优势，借助区位优势、优惠的税收政策、便捷的航空服务带动人流、物流、信息流在临空经济区聚集。打造顺丰机场航空口岸，构建现代化国际物流产业园，增设全球采购、国际分拨、转口贸易和国际中转等综合物流服务功能；打造跨境电商产业园，增设跨境电商公共服务中心、企业孵化器、加速器、总部基地、教育培训功能，打造一个集人才、企业、商品、金融、渠道、平台于一体的跨境电商生态圈。为此，黄石市在物流产业和跨境电商方面可推出具有吸引力的产业政策、优惠的税收政策，吸引百余家物流企业和跨境电商企业落地黄石，打造综合物流产业园和跨境电商产业园。中远期战略目标。黄石对接顺丰机场构建临空经济区的中远期战略目标是打造临空经济空港相邻与交通走廊沿线区及临空经济辐射区。

构建临空经济区的发展模式。根据黄石市对接顺丰机场构建临空经济区的发展战略，确定"物流为先、政流推动、人流引入、商流发展"的四流支撑和"资本流、信息流、技术流"三流推动的发展模式。围绕临空经济区建设目标，在"地方性、应用型"的定位下，挖掘培训学校与临空经济引领的地方经济相衔接的契合点，构建多领域、多层次、多类型的人才培养体系。

建立健全体制机制保障。建立临空经济区管理机构，具体负责临空经济区规划编制、政策实施、资源配置、项目建设、体制机制创新等。设立临空经济区开发建设基金、产业发展基金。健全招商引资的项目准入机制、评价机制，实施重大项目洽谈、审批、开工建设和运营全方位服务保障制度。

（二）做好与顺丰机场的交通对接

1. 完善机场对接的交通基础

各国国际机场实践经验证明，通达的交通运输系统是航空产业快速发展的前提，不仅对航空服务业、航空器维修业、航空器零部件生产等行业有直接的影响，而且还可以方便人货进出，吸引物流企业在机场附近布局，同时对于高科技产业发展所需的人员、技术交流提供有效的支撑。减少会展商的运输成本和时间成本，保证展品安全、准时到达，对会展经济的发展具有一定的促进作用，带来大量客流，促进机场周围商业旅游的发展。就交通而言，虽然黄石市水路交通和公路交通比较成熟，但作为顺丰机场的承接区域的基础设施还略显不足。要以新港"亿吨大港"多式联运、现代港口城市建设为核心，以市开发区和大冶湖高新区为制造两翼，加快我市对接顺丰机场"1+6"通道建设，加速打通高标准的绕城环线，特别要克服困难，全力推进沿江大道建设，实现新港与顺丰机场快速直达、公铁水空无缝衔接。积极推进区域通关便利化，使市内园区与机场货站形成无缝衔接，临空经济区与市内交通衔接到位，方便货物快速集散到物流园区。

2. 加强交通站点之间的联系

作为承接亚洲第一民用货运机场，黄石依然面临不少挑战。要"客畅其行"，在建成团城山综合客运枢纽的基础上，抓紧推进武阳高速、现代有轨电车项目，加快扩建黄石北站，启动研究对接机场的地铁，规划实施阳新通用机场项目，为旅客提供便捷分流服务。要谋划和打通对接顺丰机场的各种通道，加快实施对接机场的"公铁水空管"集疏运通道、绕城外环等；要紧跟相关交通和产业规划，提高黄石新港的集疏运能力，积极吸引货源；要完善黄石机场高速建设以及一系列乡村公路建设，增设高铁班次，增强与其他城市的联系与合作，打造"水陆空交通枢纽中心"，更大范围对接顺丰机场，带动经济发展，促进城市建设。

3. 提高城市配套功能

黄石市工业占比较大，现代服务业发展滞后，城市配套功能较弱，公共服务设施缺乏。在我国临空经济发展历史上，由于各地政府倾向于短期经济效益，GDP 的快速增长，过分热衷于招商引资，产业规模化增长，而忽略产业的升级改造和经济的可持续发展，忽视相应的城市功能配套，导致我国大多数临空经济区周边的城市基础服务设施严重缺乏。据了解，仅顺丰机场核心区建设，鄂州燕矶、沙窝、杨叶 3 镇就需要拆迁 7000 多户、近 3 万人，目前正处于过渡安置阶段，后续噪音区、产业区还有大规模拆迁，大量机场工作人员需要安家居住，花湖开发区已实行限购。届时，就学、就医、消费等需求"溢出"。目前，毗邻花湖开发区的黄石港，连自身的就学、就医等公共服务都无法满足。因此，必须加紧完善公共服务配套，抢占顺丰机场建设营运给黄石市带来的人口红利和消费增量。加大教育、文化、医疗、体育、旅游、金融、商业等公共服务设施投入，提前建立为临空经济区内大型高端科技企业提供相关的科研培训机构和适合商务人士休息住宿的中高档居住社区，推动临空经济区的可持续发展。

（三）做好与顺丰机场的产业对接

黄石市在借鉴国内外经验的基础上，结合现有产业基础，谋划主要的临空经济区产业布局。国内外临空经济区产业布局一览表 4-2。

表 4-2　国内外临空经济区产业布局一览表

	序号	临空经济区	产业类型	主要影响因素
国外	1	迪拜世界中心国际机场	国际物流、高科技产业、休闲旅游业（购物中心、高尔夫、旅游业）、现代服务业（贸易、金融、展览等）	便捷的交通，当地基础条件
	2	仁川机场	航空制造业、现代服务业（贸易、金融、办公、电信中心、展览中心）、休闲旅游业、高科技产业、信息产业、物流、现代产业集群	滨海岛屿，便捷的交通
	3	阿姆斯特丹机场商务区	航空航天业、总部经济、现代物流业、汽车、花卉种植业、高科技产业、现代服务业、金融、物流、商贸	临近城市中心及海港，便捷的交通
	4	爱尔兰香农机场	航空产业、出口贸易加工业、现代服务业、金融、物流、商贸、信息服务、印刷传媒、高科技产业、科研机构、休闲旅游业	滨海，便捷的交通
	5	达拉斯—沃斯堡机场	总部经济、金融、现代物流、高科技产业、科研机构、信息通讯业	现有产业基础，便捷的交通

续表

	序号	临空经济区	产业类型	主要影响因素
国内	6	北京顺义临空经济区	航空运输类产业（如空中客车）、现代服务业、高新技术产业（如松下）、汽车产业	现有产业基础
	7	上海浦东临空经济区	航空型工业及服务业、城市型高科技产业、商贸、旅游、科研、会展	现有产业基础，完备的基础条件
	8	天津滨海新区临空产业区	航空制造、空港物流、现代服务业、金融、会展、商贸	依托滨海新区建设
	9	深圳临空经济区	航空物流业（目标：成为中国四大航空货运中心之一、区域性航空货运枢纽港及航空公物流园区示范基地）	依托深圳机场物流园区建设以及发达的航空物流网络
	10	重庆临空技术产业区	临空型现代物流业、现代服务业（商贸、会展）、交通运输设备研发与制造业、高新技术产业	便捷的交通，现有的基础条件
	11	郑州航空港经济综合试验区	高端制造业（如以富士康为核心的智能终端产业及配套产业）、航空物流业、现代服务业	现有产业基础，现有的基础条件
	12	武汉临空经济区	农副产业加工业、烟草制造业、电气机械和器材制造业、金属制造业、非金属矿物制造业、酒饮料和精制茶制造业、汽车制造业、纺织服装服饰业	便捷的交通，现有的基础条件

1. 有效对接机场，合理布局产业

借鉴美国北卡罗来纳州的夏洛特机场和达拉莫机场的经验，与机场充分沟通，立足于机场货源并与地方经济高度接轨的基础

上，由政府牵头，重点吸引与航空物流高度相关的国内外著名技术型、知识密集型企业、高科技企业，集运商等国际贸易企业。顺丰机场的发展规划离不开武鄂黄黄四地的协同发展，只有形成完善的产业群，高中低端产业链条协同发展，才能发挥临空经济区的优势，拉动经济的全面协调发展。

2. 大力发展现代物流产业

黄石对接顺丰机场构建临空经济区的最根本模式是物流带动模式。顺丰机场为湖北国际物流核心枢纽，其客货比例为 1 ：9，巨大的货运量带动临空经济区物流产业集聚发展。要围绕顺丰机场航空口岸，构建现代化国际物流产业园。一是打通物流大通道，推进物流大通道布局规划和综合交通运输系统建设，突出国际物流大通道的互联互通，改进和优化通道通行、通关管控政策，促进协同融合和便利运输。二是着力突破多式联运发展中政策制度、标准规范不统一的瓶颈，依托物流大通道开展试点示范。三是发展智慧物流，适时研究制定"互联网+"货物与物流行动计划，深入推进移动互联网、大数据、云计算等新一代信息技术的应用。四是强化公共物流信息平台建设，完善平台服务功能。

3. 大力发展高技术产业

优先发展与航空经济关系密切的相关产业。黄石市要依托顺丰机场，鼓励开展临空经济示范区试点，结合"五基地一先行区"（全国新材料产业基地、全国电子信息基础产业基地、全国智能装备产业基地、全国生命健康产业基地、全国节能环保产业基地、全国工业互联网产业创新发展先行区），围绕航空物流业、高端制造业和服务业等主导性产业，推进供给侧结构性改革，从而培育优势产业。

重点发展高时效、高质量、高附加值的制造业，如智能终端、汽车核心零部件、生物医药、医疗器械等。黄石市电子信息、生物医药、高端装备制造等产业发展较快，与临空经济有一定的耦合度，但"体积小、轻量化、价值高、宜上天"的产品仍然不多。大力引进航空客货匀速、航空制造与维修，航空金融、航空物流和航空服务等高附加值产品制造业，探索形成临空经济供应链经济。着力发展电子信息，特钢新材料、生物医药，利用好航空物流的优势，打造黄石工业产业发展新篇章。

4. 大力发展跨境电商产业

2019 年 1 月 1 日起，消费者从海外购买商品单笔金额从 2000 元提升至 5000 元，年交易额度从 2 万元提升至 2.6 万元。跨境电商企业只需在保税中心开展业务，跨境物品过关后可以发往全国各地，购买便捷。顺丰机场建设将与跨境电商的发展相辅相成、互为促进。黄石市政府应该充分利用棋盘洲保税物流中心，针对跨境电商业务，从货源、运输、仓储、报关、清关等一系列环节，给予同等或优于周边地区的政策支持，吸引更多的跨境电商入驻保税中心；积极向海关争取开展"保税备货"模式，吸引更多跨境电商企业；加快黄石新港、保税物流中心、新港口岸、"公铁水多式联运"工程建成，为跨境电商提供"多式联运"便利；提高黄石口岸联检服务中心使用效率，为跨境电商企业打造"一站式"通关服务。

5. 发展旅游休闲经济

临空经济不仅限于工业产业的发展，同时能带动旅游、休闲、文化等各方面的发展。毗邻机场，可以打造临空经济区的商务休闲增长极。同时，进一步提升高效农业、高档食品加工、服装加工、文化旅游、休闲商务等现代服务业发展水平，在临空经济区内形成集聚发展态势，产业结构进一步合理规划，支撑以顺丰机场为核心的航空经济的高效、快速发展。依托资源优势，发展旅游经济。

（四）做好与顺丰机场的项目对接

1. 对接顺丰机场，科学谋划项目

黄石市发展空港经济虽然有一定的基础，物流、医疗健康、电子信息、机械制造等产业均有零星分布，但已有产业大多处于发展初期，临空偏向性较弱，缺乏临空偏向性强的支柱产业项目落户。要围绕飞机维修改装、通航制造、通航运营服务等产业，谋划新项目，形成空港产业发展链；依托黄石市距离顺丰机场的良好的区位优势，围绕交通衔接、产业布局和城市空间格局优化，在交通、产业等方面谋划投资项目，推动黄石相关产业发展。依据"黄石对接湖北国际物流核心枢纽综合交通规划"，对其项目进行筛选，具备经营性、能产生现金流的项目见表4-3。

表4-3 项目具体情况

	项目名称	项目规模	技术标准	项目性质	总投资 万元	建设年份	备注
1	机场高速黄石段	17km	双向六车道 100km/h	新建	230000	2020—2021	近期
2	黄石综合客运东站		1级	新建	18000	2021—2025	近期
3	黄石通用航空机场			新建	30000	2018—2022	近期
4	鄂东城市群城际铁路专线黄石段（含牯牛洲过江通道）	90km	1级	新建	1200000		远期
5	BRT三号线黄石延长线	62km		新建	59300	2025—2030	远期
6	黄石快客客运站						规划

2. 打造电商产业园

以现有物流公司为主体，建设"一园、一心、一点"。一园：打造电商产业园。将黄石物流中心南区建筑群体改造成为电商产业园，完善信息化平台及配套设施建设，提升服务水平，营造良好电商生态环境，为顺丰机场货物运输提供资源。一心：建设快递分拨中心。将北区仓储扩大到1万平方米，加大技术改造和装备升级，购置伸缩皮带机、称重设备、输送设备、分拣分流设备，监控设备和控制系统，满足电商企业需求，为顺丰机场货物分流提供支持。一点：开展快递班车运营试点。应用先进的物流技术、物流设备和管理，集成物流供应链，实现统仓统配，线路集配，并将购置物流配送专用车10辆，提升配送时效，为对接顺丰机场提供保障。

3. 积极谋划发展配套服务项目

要加大房源供给，加快大冶湖新区开发和老城区棚改，简化户籍手续，吸引机场外迁人口及后续运营管理人员落户。要完善公共服务，对溢出人口的就学、医疗等公共服务，打好提前量，加快教育布局调整，优化医疗资源配置，增强对外来人口的吸引力。要提升商贸业态，引进一批星级酒店、高端商贸、高品质文娱休闲等项目，大力推进居然之家、永旺等龙头项目，满足机场带来的高层次消费需求。争取机场高速公路项目建设。以经营性交通资产投资为目标，积极争取机场高速公路项目股权投资。开通"班车送达"服务，新辟"货物托运"业务。开通直达班车服务（团城山综合客运枢纽站——鄂州顺丰国际货运机场），为旅客提供"点到点"运输服务。新辟货物托运业务，利用班车资源与顺丰机场联动，推出商品"快直送"和"当日达"业务，实现高效配送新模式。

四、推进黄石、黄冈跨江合作的战略构想

2014 年 9 月，国家正式提出长江经济带发展战略。2015 年 4 月，长江中游城市群上升为国家发展战略。位于长江经济带重要节点、武汉城市圈副中心城市的黄石，迎来了新一轮重大发展机遇。长期以来，黄石、黄冈隔江相望，受地理区位影响，黄冈沿

江地区如散花镇与黄石城区经济联系较为密切，受黄石城区经济辐射作用明显，已融入黄石城市发展的内核。但是，有形无形的行政区域壁垒，影响了两地的经济发展与合作，制约了黄石的城市发展格局。因此，要充分利用国家建设长江经济带和长江中游城市群的有利时机，大力推动黄石、黄冈跨江合作，优化区域资源配置，提升区域经济发展整体实力。

（一）合作基础

1. 政策基础

国家层面。2014 年，国务院颁布《关于依托黄金水道推动长江经济带发展的指导意见》，2016 年，《长江经济带规划纲要》提出"一轴、两翼、三级、多点"的格局，其中长江中游城市群是长江经济带三大增长极中的重要一极。武汉城市圈、长株潭城市群、环鄱阳湖城市群和皖江城市群构成了长江中游城市集群，它的发展与每个城市群的发展息息相关。因此，长江经济带发展战略的实施是黄石、黄冈两地经济发展的绝佳机遇，为两地发展带来新契机。国务院对黄石市在长江中游城市群中的定位是长江中游城市群区域性中心城市，这极大地肯定了黄石市在长江中游城市群中的重要地位，同时黄石、黄冈都是湖北省沿江绿色发展轴上的重要城市，两地跨江合作的开展也将极大地推动长江中游城市集群经济一体化，有利于加快中部地区崛起的步伐。

省际层面。长江经济带发展战略是湖北省最直接、最现实、最受益的重大发展机遇。有利于湖北省发挥区位优势，在更高起点、更大平台上深化湖北长江经济带开放开发，提升湖北在长江经济带建设中的枢纽和聚焦功能。但是，湖北省一直以来重点发展"一主两副"的区域发展战略，而其他地区尤其是鄂东地区经济发展缓慢，直接影响长江经济带战略的实施与推进。

表4-4　2018年湖北省"一主两副"与黄石、黄冈经济发展的差距

经济指标	武汉	黄石	黄冈	宜昌	襄阳
土地面积（平方千米）	8494	4583	17446	21084	19724
常住人口（万人）	1076.62	246	632.1	411.50	563.9
地区生产总值（亿元）	11912.61	1306	1726.17	3709.36	3694.5
人均地区生产总值（元）	111469	52901	27308	89978	60319

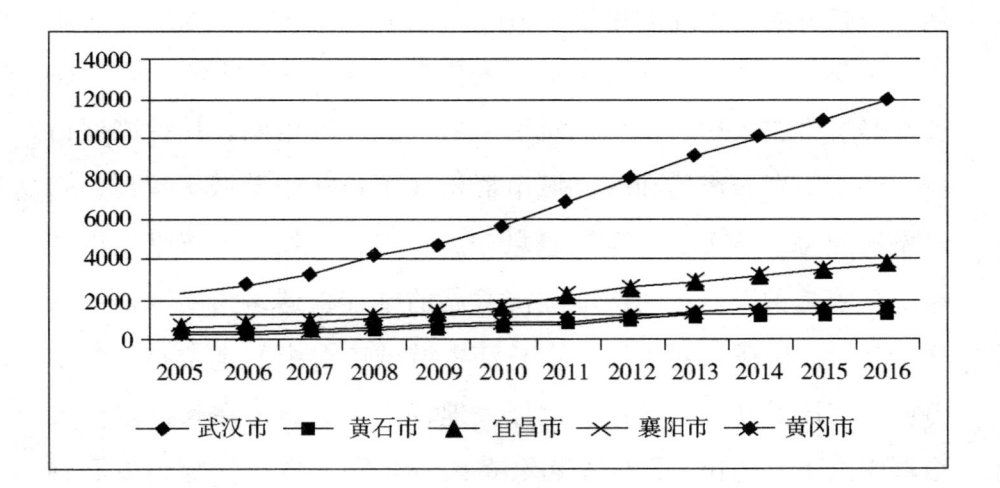

图4-5　2005年—2016年湖北省五大城市的地区生产总值

从表4-4和图4-5可以看出，湖北省"一主两副"城市的经济指标远远领先于黄石市和黄冈市，而且这种差距越来越大，鄂

东地区在湖北省整体经济发展中呈现塌陷态势。加快鄂东地区经济发展与崛起，是长江经济带发展战略的内在要求。为了缩小区域经济发展不平衡，湖北省提出未来"推动 3 至 5 个经济基础好、带动能力强的地级市加快发展，形成新兴增长极"。黄石作为多极中的重要一极，未来必然迎来新的发展机遇。黄石、黄冈跨江合作，是武汉城市圈发展的必然要求和趋势，有利于推动鄂东地区经济一体化，实现地区经济的跨越式发展。

市级层面。一是有利于合理编制规划，推进两地城镇化发展。跨江合作是促使两地编制合理的、有前瞻性的发展规划的良好契机。两地政府依据自身的优势和不足，相互协商，出台有利于双方资源优化配置与整合的制度、保障机制，立足于经济与社会可持续发展的战略高度，宏观布局区域一体化规划，提升经济增长水平和城镇化水平。

二是有利于指导区域合作，以强带弱，缩小南北差距，提升区域整体实力。黄石市与黄冈市从经济总量上看，两者的差异不大，但是在均量上，黄石市人均地区生产总值一直都是黄冈的 2 倍左右，而且黄石市产业优势明显，规模以上企业中过亿元企业达到 277 家，产值达到 1732.31 亿元。两地跨江合作有利于促进两地经济均衡发展，加速区域经济一体化。

三是有利于指导合理的产业布局，发展路桥经济，发挥产业聚集效应。跨江合作的核心是产业集聚和产业整合。跨江合作的开展，将从政府和企业两个层面带动两地产业的交融发展。在四座大桥和一条隧道等便利交通的刺激下，两地企业之间的互动与合作将会在区域产业规划的指导下开展，产业布局更加合理，集聚效益增加。

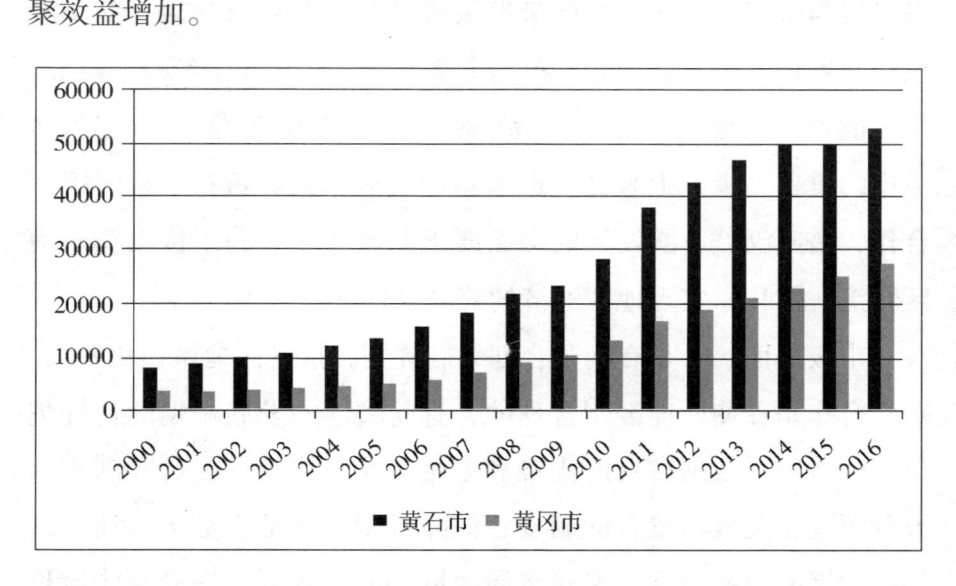

图 4-6 2000—2016 年黄石市与黄冈市的人均地区生产总值

表 4-5 2016 年黄石、黄冈两地经济发展相关指标

经济指标	黄石	黄冈
土地面积（平方千米）	4583	17446
常住人口（万人）	246	632.1
地区生产总值（亿元）	1306	1726.17
人均地区生产总值（元）	52901	27308
规模以上工业增加值（亿元）	2104.42	2008.5
规模以上工业企业数量（个）	769	1497
城镇化率（%）		44.67

四是有利于合理利用岸线资源，实现资源配置最大化。黄石市"一脊两翼"的空间发展格局中显示，黄石市将通过黄石经济开发区和沿江西塞—新港工业园的发展，引导城镇空间的沿江拓展。黄石市与黄冈市接壤的岸线资源非常丰富，长度达到78千米，两地跨江合作将极大有利于岸线资源的依需有序开发，分工协作，港口码头、污水处理等基础设施合理共享，避免重复建设和生态环境破坏。

2. 行政基础

两地政府交流合作广泛，尤其是在推动两地跨江合作方面，近十年来，一直做着积极的努力。为了优化资源配置、发挥比较优势，进一步加快区域经济发展，提升城市整体竞争力和创新能力，实现黄石、黄冈区域经济"双赢"，双方就跨江联合开发经过多次协商，黄石市与黄冈市、黄石港区与浠水县分别签订跨江合作相关协议，并就有关问题达成了一致意见。

3. 经济基础

社会层面。两地群众的社会交往频繁。2015年，黄石市商品房销售均价为4552元/平方米，黄冈市商品房平均销售价格为3516元/平方米，价格相差1000元左右，加之碧桂园等房地产企业的品牌效应，使许多黄石居民跨江到黄冈买房。黄石许多高级人才和技工每天驱车往返两地上班。2015年7月，坐落在黄石港区的黄石万达广场开业运营，包括大型购物广场、万达影院、五星级酒店等，是万达集团在湖北的第二个最大单体城市建设项目，吸引众多黄冈居民纷纷前往购物与休闲。

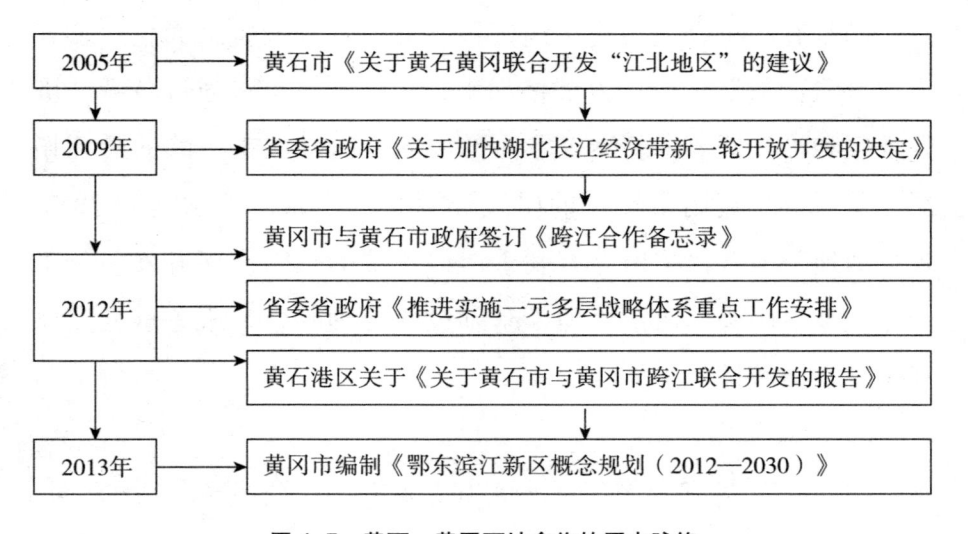

图 4-7　黄石、黄冈两地合作的历史脉络

　　园区层面。在市场经济推动下，黄石市部分企业主动到黄冈市开拓市场，设立新厂或分公司，有效带动当地就业，提升黄冈市人力资源水平，促进两地经济发展潜力。如表 4-6 所示，东贝集团到黄冈设立奶牛养殖场、大冶有色公司在武穴设立分公司，这些不仅拉动当地经济发展，而且为当地农民提供了就业岗位。以散花示范区为例，黄冈散花示范区作为湖北省批复的唯一跨江合作示范区，2016 年 6 月被确立为长江经济带国家级转型升级示范开发区。截止到 2017 年 3 月，示范区累计完成固定资产投资 203.3 亿元，实现公共财政预算收入 6.55 亿元。累计签约企业 105 家，协议投资 687 亿元，动建企业 71 家，投产企业 57 家，亿元以上项目 45 个，省级高新企业 5 家，外资企业 1 家，累计申请专利 50 多项，设有院士专家工作站 2 家，引进国家发明专利和新

型实用专利 75 个，在示范区领衔创业的博士企业家 4 名，建成标准厂房 145 万平方米，实现规上工业总产值 66.09 亿元。与 2013年比，固定资产投资、签约、在建和投产企业，分别增长 32.3 亿元、44 家、45 家和 45 家。8 家企业在武汉股权托管交易中心挂牌，形成湖北省独具特色的"散花科技板块"。跨江合作经济效应明显。

表 4-6　黄石企业到黄冈投资建厂的基本情况

时间	黄石企业名称	投资企业名称	投资规模（万元）	年均产量/产值	吸引就业人数（人）
2011 年	东贝集团公司	东贝奶牛养殖场（黄冈罗田）	3000		100
2012 年	大冶有色公司	大冶有色公司生态农业产业园（黄冈武穴）	5000		200-300
	华新水泥有限公司	华新武穴公司		年生产熟料 380 万吨，水泥 250 万吨	
	黄石华天自动化设备有限公司	湖北华轩自动化设备有限公司		8000 万元	

产业层面。黄石市产业基础雄厚，在有色金属、黑色金属、装备制造、建材、食品饮料、纺织服装等主导产业具有明显优势。2016 年，黄石市规模以上工业完成产值 2104.42 亿元，增长7.7%；其中 116 家大中型企业完成产值 1435.02 亿元，占全市规模以上工业产值的 68.2%；黄冈市农业经济比重较大，规模以上

工业完成产值 2008.5 亿元，企业数量达到 1497 家，企业规模相对偏小。黄冈市地缘辽阔，许多土地处于未开发状态，黄石市市区无地可用，经济发展受到地理空间限制。两者可以利用对方产业发展的优势条件来弥补自身的不足，为跨江合作提供可能。以黄石港工业园区为例，园区已形成以新兴产业为主体，以机械装备、模具制造产业为依托，与农业产业、化龙头企业共同发展的产业格局，成为黄石跨江联合开发实践平台和产业发展的导向平台，取得了跨江、跨区域合作的良好示范效应和引领带动作用。

技术层面。经济发展离不开生产技术。为了提高企业生产效率，黄石、黄冈两地企业之间的技术交流频繁。黄石市作为老牌工业生产基地，在有色金属、装备制造、食品饮料、纺织服装等主导产业上具有明显的技术优势。其中，高新技术企业 104 家，占规模以上工业的比重达到 14.4%，在全省排名第三位。省级创新型（试点）企业达到 28 家，省级农业科技创新龙头企业 7 家、省级农业科技创新型试点企业 4 家。黄石市的科技资源和科技创新能力对黄冈市形成了良好的辐射，加快了黄冈、黄石两地企业之间的科技交流与合作，提升了科技资源和科技成果的外溢效应，推进了科技资源跨江配置和整合。

基础设施。目前黄石、黄冈跨江连接主要有三种方式，分别为轮渡码头、黄石长江公路大桥和鄂东长江大桥。2016 年，黄石市又开工建设了两座新的长江大桥，武穴长江公路大桥和棋盘洲长江公路大桥，两者都计划于 2019 年建成通车。此外，为了应对新的发展机遇，进一步加强两市的连接沟通，黄石市还积极策划了牯牛洲跨长江隧道，将为两市的融合发展提供更大的便利条件。

为推进"一江两岸"开发建设，黄石市主动取消了 17 座以下中小型客车黄石大桥通行费，开通两地专线公汽。其中，黄石长江大桥免收通行费的经济效应十分明显。以黄石重型汽车配件制造厂为例，该厂生产用的钢材、板材、铸件等材料是从黄石市内运到园区，免收通行费之前，每年企业的运输成本比在黄石市市内办厂要多 30 多万元，其中有 8 万元用于支付过桥费。免收通行费的举措极大地降低了企业的生产成本，提高了企业的经济效益。虽然政府每年损失了 2000 多万的路桥费，但是，由此带来的两地企业之间和群众之间的经济交流与合作，将会产生更大更多的直接和间接的经济效应，为两地经济发展注入活力。

人文基础。黄石市与黄冈市同属鄂东地区，历史文化悠久，人文地理环境非常相似。相似的人文地理环境的影响已经根深蒂固地融于两地人民的世界观、人生观、价值观以及现代企业的文化观中。这种人缘相亲或潜在精神文化的熏陶成为两地群众和企业交流合作的润滑剂，有利于促进两地之间劳动力、资本、信息等要素的自由流动。黄石、黄冈跨江合作是两地群众和企业的合作，拥有相同价值观的人更容易交流，拥有相同文化理念的企业更容易合作，两地以鄂文化为基础的人文环境，使两地的人和资本自由流动，使生产资源实现优化配置和利用，为跨江合作提供了不可或缺的要素自由流动基础。

（二）黄黄跨江合作的构想

黄石市黄石港区与黄冈市浠水县散花区域，黄石市大冶市与黄冈市蕲春县蕲州区域，黄石市阳新县与黄冈市武穴市的田镇区域进行对接，实现接跨江合作工业园区开发和沿江小城镇建设。

2. 运作步骤

按照十五年规划，分三步走，从以企业为管理主体的企业主导型管理模式向以政府为管理主体的政府主导型管理模式过渡，最终形成建成鄂东特大型城市的目标。

第一阶段（1—5年内）按照"市场化运营"的模式，以产业园区建设为主要形式开展跨江合作。由省政府牵头，两地政府之间签署合作协议，黄石市负责引进外迁企业，参与园区规划和项目选址，黄冈市负责土地供应和拆迁安置。两地的城投集团按照协商的股份比例成立新的合资公司或者引入国内知名的产业园区运营公司（如上海外高桥），来作为开发主体具体负责园区基础设施配套、招商引资、落户项目服务和管理等工作。公司不承担所在区域内的社会管理职能，社会职能由所在地政府承担；园区产生的收益按双方政府约定的比例分成。

第二阶段（6—10年）由黄石市对合作区域实行"行政托管"，将合作区域内的行政"所有权"和"经营权"分离，由黄石市成立管委会行使区域内的经济社会管理权限，使合作区域开始从承担单一经济性职能（发展经济）的工业园区向承担综合性城市管理职能的新区进行转变。园区不再仅仅是承担经济性功能，

1. 合作模式

表4-7 合作模式

合作模式		模式特点	代表性园区	优点	弊端
公司制合作模式		由合作双方出资成立合资公司，投资开发，招商引资和经营管理，收益按比例分成。	苏通科技园区 市北高新工业园区	完全按照市场化运作，高效，协调，难度低	企业的规划与政府的规划容易出现冲突
市场运行模式	区域共建模式	两地政府间按照资源互补，合作共赢的原则设立共建园区。	上海杨浦（海安）工业园	可以更多的按照政府的全局发展进行规划布局	行政程度上无法消除
	高校与开发区合作模式	高校出资并负责园区规划建设与运营，地方负责土地供给、项目推入及相关服务工作。	复旦复华高新技术园区（海门）	政府可以更多的按照政府的全局发展进行规划布局	政府对市定程度上无法消除
	企业与开发区合作	企业在开发区内设立"区中园"，由企业和开发区共同开发管理。	海宝金属工业园		
行政运行模式	行政托管模式	打破行政区划樊篱，由两地整合各自的资源、经济资源而形成的跨江发展模式。	江阴靖江工业园区、九江浔阳（小池）工业园	政府可以完全的按照政府的全局发展进行规划	政府对市场的判断存在偏差的可能
	区划调整模式	该规划是国内首个以承接产业转移为主题的区域规划，也是安徽省历史上首个进入国家层面的战略规划。2012年2月，管理体制由"省市共建，以市为主"调整为"省市共建，以省为主"。	江北产业集中区	可以完全的按照政府的全局规划进行规划	政府对市场的判断存在偏差的可能

而必须在经济建设的同时按照城市功能的要求配置资源和搞好包括被托管地区在内的全区内社会事务的管理任务。"行政托管"成为区域经济合作的重要形式，就黄石内部发展而言，打破行政区划建设大冶湖生态新区已成现实，发展势头很好。同时，更高行政级别间的行政托管已有成功案例，例如西安市西咸新区，咸阳市的渭城、秦都、泾阳划归西安托管，与西安原有的长安、未央、户县统一建成西咸新区，西咸新区由西安管理，迅速成为"关中—天水经济区"的战略核心，极大推动了西安国际化大都市的建设步伐。

最终阶段（11—15 年）实现行政区划调整，将上述区域从行政区划上归入黄石市管理，一举解决黄石真正可用面积 100 平方千米，主城在"一面临江，三面环山，中心环湖"的自然环境制约下，建设用地结构松散，紧凑度较低，中心城的单中心辐射模式的空间外拓受到较大限制，市区用地容量已近饱和的无可拓空间的困扰，将黄石建设成湖北省的区域副中心城市，鄂东特大城市，带动整个鄂东地区的发展。

3. 合作重点

作为推进"鄂黄黄"一体化战略的重要环节，黄石、黄冈跨江合作的重点在构建黄石、黄冈城际战略产业链，通过两城间城际战略产业链环节的合理布局和优化组合，促进"黄黄"城市群产业一体化。通过统筹规划建设两地道路交通、信息平台、金融服务、环境保护等设施来实现两地基础设施建设一体化。

城际产业一体化。经济社会高度发达的城市群实际上是由不

114

同类型的城际战略产业链构成的城市体系,加快城市群产业一体化的关键,是要寻找到既能推进城市间合作、避免无序竞争,又能协调城市间利益的有效载体,即城际战略产业链。如黄石发展比较好的医药、生物产业可以与黄冈蕲春的中医药资源对接,构成完整的、可以协作发展的产业链。

基础设施建设一体化。通过统一规划轨道交通网、统筹推进公路网建设、提升拓展港口功能、加强交通枢纽规划建设、推进运输服务一体化来实现交通基础设施一体化;通过构建一体化智能电网、优化电源结构和布局、建设天然气"全省一张网"、推进能源管理一体化来实现能源基础设施建设一体化;通过建设区域结算中心来实现区域金融一体化;通过统筹规划建设信息网络、全面推进"三网融合"、推进社会管理信息化、构建系统布局层次分明的公共信息服务平台来实现信息一体化;通过水资源开发利用一体化、水资源节约保护一体化、建立黄黄水资源一体化管理体制和机制、建设完善的黄鄂黄水利防灾减灾体系等来实现环境治理一体化,最终实现"黄黄"地区"规划共绘、交通共联、产业共兴、环境共保、品牌共推、市场共构、社会共享。"的目标。

4. 促进黄石、黄冈跨江合作协调发展的保障措施

坚持统一规划、依规建设,确保跨江合作区域建设的长期性和稳定性。建设规划是为实现跨江合作区域的经济和社会发展目标,确定区域性质、规模和发展方向,合理利用土地,协调空间布局和各项建设的综合部署和具体安排;是建设合作区域的基本

依据；是综合发挥合作区域经济效益、社会效益和环境效益的前提和手段。跨江合作区域的建设和管理取决于科学合理的规划，并以之为依据，指导开发、建设和管理，跨江合作区域的合理发展，必须通过科学地预测和规划，明确合作的性质、规模、发展方向和发展格局，在规划的指导和调控下，有步骤、分阶段地实现最终发展目标。由于两地跨江合作区域是一个不同行政区划组成的复杂综合体，其建设最终涉及到政治、经济、文化、金融各个领域较单一的城市更加复杂，对其统一规划的必要性也更加突出，为了使各方面协调发展，就必须进行统一规划、统筹安排。需要由省政府牵头、会同两市组成两岸协作发展规划委员会，对跨江合作的长效机制实施顶层设计，根据地域条件、产业结构、经济发展水平等因素以黄石市为中心联合制定科学、统一的两市跨江合作发展规划。

建立跨江合作的长效协调机制，加强跨江合作的制度化建设。目前"黄黄"两地虽然已经建立了一系列的沟通协调机制，但是存在着沟通级别不够高、沟通联系不够紧密、协调难度大、务虚多过务实的问题，需要在成立高层次的两岸协作发展规划委员会的基础上，在委员会下安排专职人员，设置委员会办公室，作为为委员会的常设议事协调机构。并下设多个专题工作组推进合作项目的具体实施。通过办公室这一正规的组织形式，使得处理合作事宜的机构得以实体化和专职化，使得协调委员会从务虚往务实转变。通过制定和实施工作会议制度、新闻制度、专题工作制度、财务管理制度、调研课题制度等一系列规章制度，使得两地跨江合作有章可循。

在跨江合作中推进"黄黄"沿江地区城镇化建设。（1）通过劳务合作促进"黄黄"沿江地区城镇化。黄冈的蕲春、浠水地区农村劳动力人数较多，有着很强的转移需要。通过实施农村劳动力转移就业，既可以促进沿江地区的农村经济社会发展，又能够促进城镇化建设，对"黄黄"沿江地区经济发展有着重要意义。可以坚持把该地区农村劳动力转移当作重点工程之一。一是要加强引导、培训，使该地区农村劳动力转移。从过去的无序、盲目状态到有组织、有计划地通过订单培训、定向输出方式向各沿江工业园输送劳动力，并围绕各园区开展沿江小城镇建设；二要从劳动力资源优势互补战略出发，积极开展与黄石港、大冶的劳务合作，加强区域间劳动力市场信息沟通，创建劳动力转移的"绿色通道"，加快该地区的城镇化建设速度。（2）吸引外部资源发展城市建设。通过卫星地图可以很明显地发现，与黄石一侧沿江相比，黄冈的浠水、蕲春等地的沿江城市建设比较欠缺，存在较大差距。在城市基础设施、公共设施和教育设施方面差距尤为显著。因此该地区应当积极吸引外部资源，鼓励其与黄石一侧发展比较好但地域受限制的城市的交流与合作，开展"合作城市"形式的城市间合作形式，引进基础建设资金、市政建设经验和教育设施器材，使城市的市容市貌得以改观，真正从基础做起，一步一步把沿江小城镇建设成为"黄黄"地区经济发展的支撑点。

在跨江合作中构建融合互补的大产业体系。黄石、黄冈两市均有自己独特优势的主导产业，但也同时都存在产业关联度很低的问题。优化两市的产业结构，促进主导产业链的形成和产业集聚、集群是跨江合作的重要目的。（1）发展与黄石已有主导产业相关联的产业、产品。黄石市目前主要拥有有色金属、黑色金属、装备制造、建材水泥、食品饮料、化工医药、纺织服装和能源八大产业，但都一定程度上存在上游原材料供应依靠外地、企业产品深加工不足、企业产品本地消化不足的问题。开展跨江合作，一是可以通过发展与黄石已有主导产业相关联的产业、产品来拉长主导产业的产业链条。如黄冈方面以滨江新城为空间抓手，发展化工、新材料、建材、陶瓷、农产品加工等产业功能，可作为团城山新材料产业承接地。二是可以通过建设工业园区和沿江小城镇拉动黄石市的有色金属、黑色金属、装备制造、建材水泥等主要产业的消费。（2）注重扶优扶强，重点引进和培养行业内领先企业。行业内的重点企业、品牌企业、规模企业是产业集聚的龙头和核心，两地跨江合作要坚持业内重点企业带动战略，在合作区域内重点引进和扶持投资过亿元、投资强度过 150 万元/亩、科技含量高、税收贡献大、就业率高的企业，加快优势产业的发展。出台一系列扶持壮大骨干企业的政策措施，在资金贷款、土地供给、技术、人才、税收减免等方面加大扶持力度，不断促进骨干企业加快发展。将土地、税收、奖励、减免等系列财政政策连续向重点骨干企业倾斜，不断加大对产业龙头企业的奖励力度，积极支持企业加速上市融资。（3）利用长江黄金水道，推进现代物流业的发展。随着黄石市的发展，黄石港目前的地理位置有影响黄石市区建设的可能以及外迁的可能，跨江合作可以将黄石港码头搬迁到散花至兰溪境内。同时在沿江合作区域内，大力改造和建设港口码头，发展码头物流、船舶修理服务业，使武汉新港业务延伸到两地沿江区域。依托两市已有和待建的4条跨江通道，和高速公路、铁路、国道、省道形成发达的立体交通网络为现代物流业的发展创造必要条件，做大现代综合物流业，促进域内的分工与协作，为城市辐射功能的传导发挥作用。

借助外力发展，推动产业优化升级。树立牢固的开放意识，把借助外力发展作为解决产业发展缺资金、缺项目、缺技术的最现实途径。根据两地跨江合作区域的整体产业规划制订政策，广泛开展产业招商。充分利用黄石、黄冈沿江地区的区位、资源、劳动力等优势和国家沿江开发战略的重大利好，坚持以黄石的溢出产业、转移产业、延伸产业、配套产业为招商主攻方向，编制产业招商指南，组织开展专题对接招商活动，着力引进体量大、产业链长、科技含量高的重大工业项目，推动主导产业发展。积极推动政银、政企和银企的合作。不断壮大担保公司实力，主动加强与国家开发银行等政策性银行，与股份制银行和民资银行以及其他金融机构的积极对接，拓宽园区内重点企业融资渠道，缓解园区内中小企业的融资难问题，帮助企业发展。

建设综合立体的交通网络。（1）完善"黄黄"跨界交通基础设施协作机制，加快建设跨界高速公路、轨道交通及配套工程，形成无缝衔接、换乘便利的陆路交通网。提升改造106国道黄石段，形成黄—黄快速通道；推进散花长江大桥与兰溪长江大桥的建设，强化两岸跨江交通。探索实现公交一体化的途径，开通多条黄石、黄冈城际公交，连接两市公交路线。建设多条连接两地的快速交通要道。（2）提升区域港口、航运、物流合作层次，形成以武汉为核心、黄石为枢纽、沿江各大港区为支撑的"大武汉航运中心"。以黄石新港码头为依托，通过推进武汉新港与黄石新港两大港区的建设与协作，整合武鄂黄黄长江沿线港口资源，错位互补发展，加快现有港口码头改造，提升港口的集约化水平和运营效率，形成功能互补、联动发展的港口群。统筹两市长江岸线资源，提高岸线资源使用效率。针对两市长江岸线资源开发管理、港口码头布局等问题，强化规划引导，加强综合整治，把水安全、防洪、港岸、交通、景观、生态等融为一体，实现岸线资源的有序利用和有效保护。（3）构筑内外畅通、多式联运的区域一体化综合交通格局，实现武鄂黄黄城镇密集区"半小时同城圈""1小时通勤圈"及"2小时生活圈"的区域综合交通服务格局。构筑"三枢"（空港、水港、铁路枢纽）"双快"（轨道交通网、高快速路网）的综合交通运输体系。加快推进武汉城市圈第二机场建设，在黄鄂黄空间范围新建鄂东机场，成为武汉天河机场的补充。

推动两市"环境共建、污染共治"，构建绿色生态的大长江走廊。中共中央总书记习近平2016年10月在重庆召开推动长江经济带发展座谈会，听取有关省市和国务院有关部门对推动长江经济带发展的意见和建议时强调"推动长江经济带发展必须从中华民族长远利益考虑，走生态优先、绿色发展之路"。指出"要用改革创新的办法抓长江生态保护。要在生态环境容量上过紧日子的前提下，依托长江水道，统筹岸上水上，正确处理防洪、通航、发电的矛盾，自觉推动绿色循环低碳发展，有条件的地区率先形成节约能源资源和保护生态环境的产业结构、增长方式、消费模式，真正使黄金水道产生黄金效益"。指出"保护生态环境、建立统一市场、加快转方式调结构，这是已经明确的方向和重点，要用'快思维'、做加法。而科学利用水资源、优化产业布局、统筹港口岸线资源和安排一些重大投资项目，如果一时看不透，或者认识不统一，则要用'慢思维'，有时就要做减法。对一些二选一甚至多选一的'两难''多难'问题，要科学论证，比较选优。对那些不能做的事情，要列出负面清单"。（1）创新沿江区域开放合作机制，构建生态安全格局。区域的可持续发展必须以生态环境的可持续发展为前提和保障。沿江开发建设生态环境压力增大以及生态空间的安全是在开发建设之初就必须重视的问题，长江沿江地区自然生态空间背景要素的保留、保育及保护是与开发建设密切相关的生态环境敏感问题。沿江产业发展方向、结构与布局，以及加快城市化进程的特点等均对区域生态系统空间结构、功能产生一定的负面作用和影响。构建生态安全格局，是主动协调经济发展与生态环境保护的空间冲突、实现区域可持续发展的有效措施。区域生态安全格局以维持生态系统结构与功能的完整性和生态过程的稳定性为目的，强调对重要生态功能区的保护，注重充分利用区域生态环境本底的优势，整合各类生态环境要素的服务功能，发挥其空间集聚、协同和链接作用，促进生态保护和经济发展的协调与融合。因此，"黄黄"两市要共同构建生态环境联防联治、市场体系统一开放、基础设施共建共享、流域管理统筹协调的区域协调发展新机制。将环境保护和污染治理的工作贯穿从规划到建设的整个过程，通过构建生态缓冲廊道、生态隔离廊道、生物多样性传输廊道的串接，形成一个开放式的生态防护网架，集中展现生态园区功能集聚与释放对沿江开发建设的生态环境贡献。（2）构建节约环保的产业结构和产业体系。在待开发区域内，要根据资源环境承载力，加强资源合理利用和保护，优化布局生产力，构建集约、绿色、低碳、可持续发展的产业结构和现代产业体系。严格推广清洁生产方式，促进节能减排。大幅降低区域内水资源消耗强度，加强用水总量管理，建设节水型产业园区。在园区大力推广循环经济试点，积极发展循环经济，促进生产、流通、消费过程的减量化、再利用、资源化。（3）大力发展环保和绿色能源产业，推进"黄黄"沿江跨界地区环境基础设施共建共享。目前黄石市"长江水源地面污染整治工程""黄石长江水源地防护林工程""黄石长江沿岸水土保持工程"已投入资金超过 10 亿元，应鼓励两市内部跨界区域打破行政区限制，共同规划，共建共享污水处理设施和污泥处置设施，实现管网互联互通。鼓励跨界地区统筹规划、合理布局，共建生活垃圾处理厂。适当调整位于行政区边界的污水处理厂和垃圾处理厂规模，合理规划和加快建设污水收集管网，使之辐射周边相邻区域。环境保护和治理既是一种政府和企业应尽的社会责任，同时是前景非常广阔的市场。目前，黄石市节能环保产业内部也形成了一批各具特色的产业集群，成为产业的重要支柱。如：以大江环保、有色博源环保、创冠环保为代表的固废处理和资源综合利用产业集群；以迪峰换热器、斯瑞尔换热器、中海换热器为代表的换热器产业集群；以徐风环保、蓝天环保、蓝天除尘为代表的工业脱硫脱硝和除尘装备制造产业集群；以建材设备总厂、天达热能为代表的工业窑炉制造产业集群。高效除尘、污泥协同处置及工业废渣综合利用等技术和装备保持国内领先水平，部分技术和装备已接近或达到国际先进水平。这些产业集群是跨江合作区环境保护的有力保障，同时跨江经济合作区，沿江小城镇带建设所带来的环境保护、环境治理的市场需求也为这些产业带来了广阔的市场前景。（4）联合加强生态文明制度建设和执行力度，完善环境保护制度建设。两地联合加强生态文明制度建设和执行力度，完善考核评价制度，将资源消耗、环境损害、生态效益纳入沿江开发区域的经济发展评价体系，建立体现生态文明要求的目标体系、考核办法和奖惩机制；推广绿色信贷制度，加大从源头治理力度；构建"黄黄"沿江地区水污染联防联控机制。强力推进流域水系综合治理，还清水质、改善环境；构建大气污染联防联控机制。建立统一的区域空气质量监测体系，将可能的重点污染区域全部纳入区域大气监控网，制定实施区域空气质量标准，建立煤炭消费总量预测预警机制，开展煤炭消费总量控制试点，协同开展"高污染燃料禁燃区"划定工作，逐步扩大禁燃区范围；健全自然资源产权制度和用途管制制度，特别是对跨行政区河流、湖泊、森林、滩涂等自然生态空间进行统一确权登记；健全生态环境保护责任追究制度和环境损害赔偿制度，加强环境监督。积极开展节能量权、碳排放权、排污权、水权交易试点示范。

　　建议省委、省政府成立高位领导机构，决定黄石、黄冈跨江合作的方向、原则与重点等重大问题，协调推进重大合作事项；出台系列扶持政策；尽早打造 1~2 个跨江合作实验示范区。

第五章

依托光谷科创大走廊，建设黄石科创功能区

科技创新是引领高质量发展的第一动力，是建设现代化经济体系的战略支撑。当前，新一轮科技革命和产业变革孕育兴起，系列重大颠覆性技术创新不断创造着新产业、新业态。纵观国内外创新发展经验，知名的科技创新区域创新资源均呈现出"廊带"的分布特征。而武鄂黄黄城市连绵带集聚了高科技企业、人才、技术、信息、资本等创新要素，初步形成了科技创新大走廊的特征。为顺应全球科技发展趋势、国家创新驱动发展战略和湖北创新强省建设的需要，省委、省政府作出规划建设光谷科技创新大走廊的重大战略部署，着力打造我国重要的科技创新策源地和高质量发展示范区。

当前，黄石市正处在深度转型的关键时期和大有可为的重要战略机遇期。主动融入光谷科创大走廊，大力推动武鄂黄黄协同创新发展，是黄石实现引领鄂东转型发展示范区高质量发展的必然选择。

一、光谷科创大走廊构建及其意义

（一）光谷科创大走廊概况

2020 年 7 月 30 日，武汉东湖高新区正式发布《光谷科技创新大走廊核心承载区总体发展规划》，为光谷未来 30 年创新发展制定蓝图并以大走廊为纽带拉动武汉、鄂州、黄石、黄冈协同发展的湖北全域创新格局。①

光谷科创大走廊始终牢牢抓住城市发展优选路径，积极探索中部地区科技创新带动区域高质量发展的新路径，通过区域创新引领湖北高质量发展。光谷科创大走廊以东湖高新区为核心承载区，向西源起于武汉市武昌、洪山等科教资源密集区，向东拓展至鄂州、黄石、黄冈等科技产业集聚区，打造"基础研究—技术创新—产业化"梯度科技产业协同发展格局。

光谷科创大走廊核心承载区将借鉴美国硅谷、波士顿等全球知名创新廊带建设经验，搭建全新的"1133"创新空间布局："1 条创新主轴"即高新大道，"1 个核心创新源"为光谷科学岛，"3 大创新节点"分别为光谷生物城、光谷中心城和武汉未来科技城，"3 条千亿大道"分别为关山大道、光谷五路和左岭大道。

---

① 刘志伟．湖北建光谷科创大走廊，未来将贯通四市［N］．科技日报，2020-07-30.

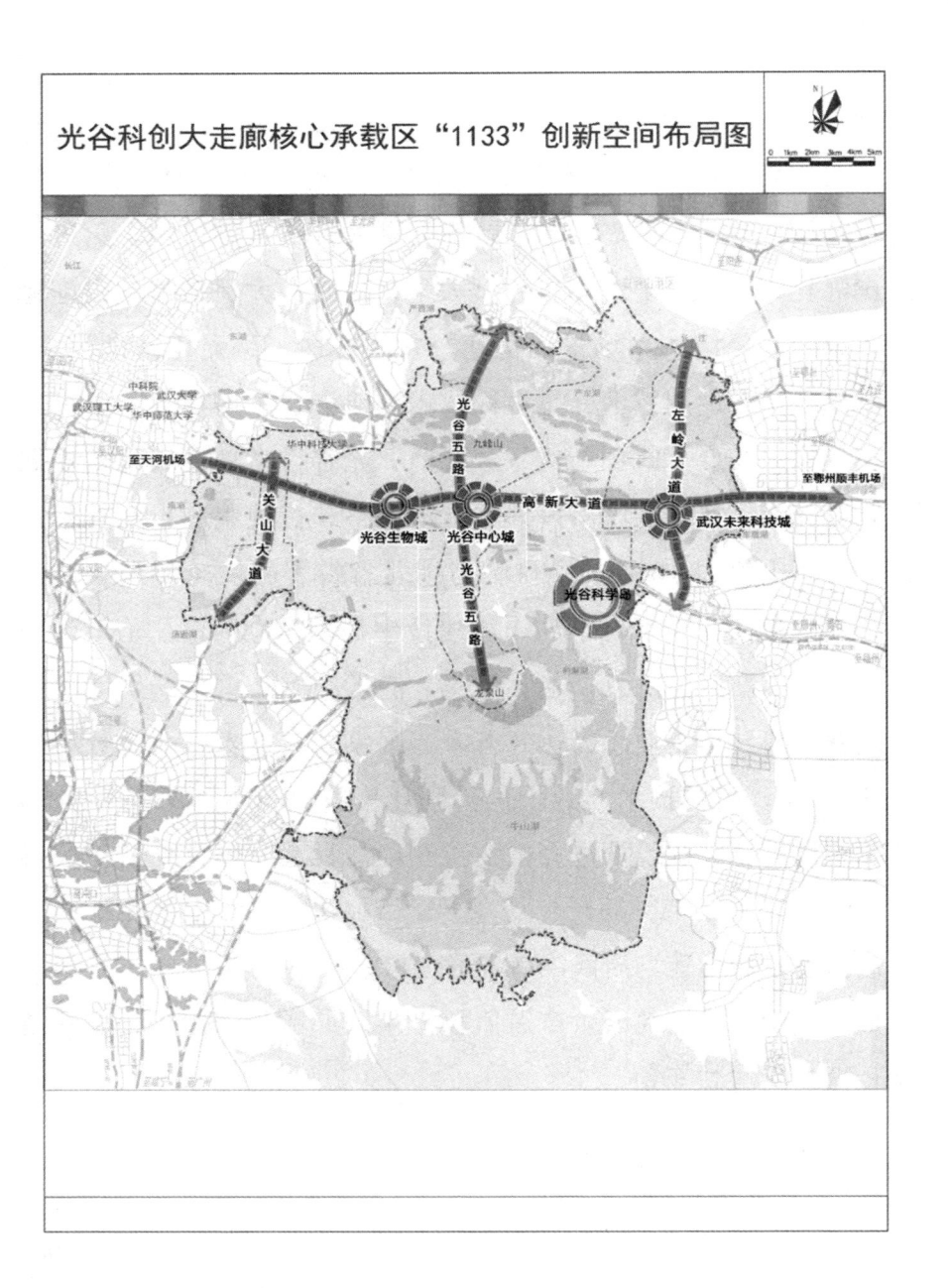

图 5-1 湖北省光谷科创大走廊规划概念示意图

涉及 15 项重大创新平台及配套园区建设、46 项重点企业技术创新项目。

总规划面积 16.8 平方千米的光谷科学岛，被视为整条大走廊的"皇冠之珠"。该岛主要布局各类重大科技基础设施，引进各类国际化高端科研平台和研究型大学，同时加大新型基础设施建设，以及新经济应用场景的构建。它的使命，是强化基础研究，在基础技术、通用技术、非对称技术、前沿技术研发上，培育一批引领世界的变革式创新成果。此前，光谷科学岛发展战略规划编制已完成，科学岛城市设计、土规调整和控规编制也在加紧推进。2020 年 7 月 16 日，中科院与湖北省签署新一轮科技合作协议，其中包括在光谷科学岛布局建设中科院东湖科学中心。2019 年，东湖高新区经济总量达 1876.77 亿元，GDP 首次跃居武汉各区之首。科技型企业总数达 8 万家，国家高新技术企业总数累计达 2859 家，高新技术产业增加值同比增长 21.6%。2020 年上半年，东湖高新区统筹推进疫情防控和经济社会发展，疫情防控形势持续向好，复工、复产、复商、复市加快推进，上半年地区生产总值总量和增速均居武汉市各区之首，达到了 2019 年上半年的九成，其中二季度地区生产总值较上年同期增长 13.5%，疫后经济重振步入"快车道"。

（二）主要机遇

新一轮科技革命和产业变革蕴含新契机。以生物、新能源、新材料和人工智能为代表的新一轮科技革命和产业变革孕育兴起，人工智能、无人驾驶、5G、区块链、物联网等颠覆性技术不断涌现，世界正处于新旧技术范式转换期，技术变革正在加速转换为现实生产力。当前的新兴技术集体爆发，能源、材料、生物、信息等领域技术的协同融合为新产业革命提供了强大支撑，也为黄石功能区突破原创技术、培育未来产业、实现弯道超越提供无限可能。黄石大冶湖高新技术产业开发区（以下简称"高新区"）前身为大冶经济技术开发区，1994年6月经省政府批准成立，2015年更名为"黄石大冶湖高新技术产业园区"，2018年经国务院批准升级为国家高新技术产业开发区。高新区规划总面积124.73平方千米，形成了罗桥产业园区、灵成产业园区及黄金山产业园区的"一区三园"架构，其中核心区面积88.87平方千米，高新区产业空间布局如图5-2所示。

经过多年发展，高新区形成以"智能制造、生命健康、新材料为支柱产业，以电子信息、节能环保为新兴产业，以现代服务业为先导产业"的"321"产业体系。2018年度，高新区完成地区生产总值473.75亿元，工业总产值1002.4亿元，其中高新技术总产值406.1亿元。近三年来，经济运行态势良好，总量保持两位数增长速度，在全市发展中的引领示范和辐射带动作用不断增强，已成为黄石市创新驱动发展的核心载体。

有利于贯彻落实高质量发展战略呼唤新动能。中国经济已经由高速增长阶段转向高质量发展阶段，科技创新成为高质量发展的第一动力和建设现代化经济体系的战略支撑。我国正在加快建设创新型国家和世界科技强国，湖北省也在大力推进创新型省份

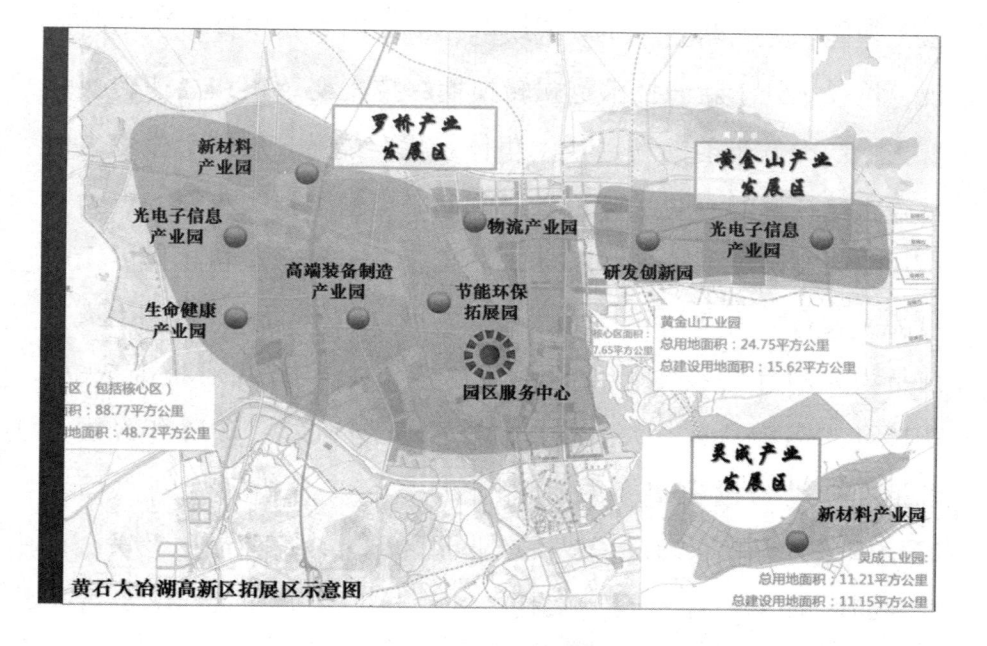

图 5-2　高新区产业园区分布图

建设，处在"五大"转型关键时期的黄石功能区迫切需要培育各
种新技术、新产业、新业态等新动能，推动科技创新和经济社会
发展深度融合，塑造更多依靠创新驱动、更多发挥先发优势的引
领型发展。多重国家战略叠加赋予新使命。黄石市作为国务院确
定的长江中游城市群区域性中心城市和先进制造业基地，肩负着
国家长江经济带、长江中游城市群、中部崛起战略、全国第二批
资源枯竭城市转型试点、国家首批产业转型升级示范区、省委
"一芯两带三区"区域和产业发展布局等多重战略使命。黄石功
能区是黄石高质量发展的主战场，多重政策叠加效应加速释放，
为黄石功能区建设提供了政策机遇。

有利于创新跨区域科技创新合作模式。美国硅谷、波士顿地区等全球知名科技创新区域的创新资源均呈现出"廊带"分布特征，国内以广深科创大走廊、长三角 G60 科创走廊、合肥环巢湖科创走廊、杭州城西科创大走廊等为代表的区域科技创新走廊建设正在加速推进，竞相打造引领区域高质量发展的创新经济带。建设光谷科创大走廊，打造创新产业高度集聚、创新要素自由流动的区域创新共同体，可以使黄石功能区在更大范围吸附创新资源要素。武汉国家中心城市建设带来新机遇。武汉是中部地区的国家中心城市、长江经济带核心城市、全国重要的工业基地和科教基地，也是中国内陆最大的水陆空交通枢纽、中国高速铁路中心和长江中游航运中心。武汉正在发挥"区位+枢纽"比较优势，聚集优质资源要素，建设国家中心城市的政策效应、社会效应、辐射效应正在加速释放。武汉在经济、科技上对周边城市的辐射半径更大、辐射能力更强，黄石功能区将迎来重大的发展机遇。

二、着力增强武汉的城市经济韧性

（一）武汉建设国家中心城市对省域空间网络节点城市的新要求

国家中心城市的发展历程显示，特大城市与国家级城市群发展是同步推进的，武汉在建设国家中心城市过程中，要处理好与

"中三角"、武汉城市圈等战略间的协同配合，形成同频共振的放大效应。在多个战略同时推进之际，武汉特别要注重加快推进与周边城市的同城化、一体化，要抓住建设长江中游航运中心的契机，推进武汉与宜昌、黄石、岳阳、九江等港口的合作，共同打造长江中游的港口城市群。武汉建设国家中心城市更是应对省域空间网络节点城市提出新的要求。黄石应紧紧抓住这样的机会发挥区域城镇化战略格局中东大门及"桥头堡"的巨大作用。

纵观武汉城市圈的城市格局，可以发现从武汉沿长江向东延伸的范围内，鄂州、黄石和黄冈的经济总量和实力都远远超过武汉城市圈中其他城市群，黄石作为武鄂黄黄都市区的有机组成部分，应抓住机遇，积极发展生产性服务业，加快产业结构转型，延长冶金和建材产业链，促进产业的多元化发展，利用产业工人自身的优势，承接高端制造业的转移，消化城市产业转型的社会压力，一起融入武鄂黄黄都市区。此外，黄石处于鄂、赣、皖的交界地域，而这三个省份正在分别打造自己的发达城市群，武汉城市圈所在的两型示范区和安徽所辖的皖江城市带都已上升为国家战略，黄石正处于武汉城市圈、昌九城市带和皖江城市带所构成的三角形城市密集区域中，这个区域是未来我国中部经济发展的主要发动基地，华东发达地区的产业转型也将经由这个区域传导至内地。因此，黄石应抓住这一重要的战略机遇期，提升自己的发展地位，黄石市区域城镇化发展战略中的新定位也是基于黄石市发展地位演变脉络和发展中所面临的机遇和挑战提出的。

（二）增强特大城市经济韧性

以城市规模而论，城市越大风险越大、管控越难、管控的代价越高；以城市格局而论，城市中两类地带即"建筑物密集度高、居民小区楼层高、各类人员聚集度高"的"三高"地带与"小区老、道路窄、环境烂"的"三差"地带防控难度之大尤其明显。在新型城镇化演进趋势呈现出三个较突出问题：一是形成不同层级城市间梯次化虹吸状态，中小城市、农村成为大城市虹吸的源头和落脚点；二是带来各个城市间不良竞争，带来城市功能重构与产业同质化等问题；三是导致大城市城市病的蔓延发展。范秘书长指出，城镇化建设取得重大进展的同时不应忽视这些问题及其产生的严重代价，应当通过科学规划和有力举措，来克服和防止自然演进中已出现与可能出现的问题。我国新型城镇化发展，特别是特大城市、超大城市的建设，应当结合正在实施的乡村振兴战略、小城镇发展、城乡融合发展这些重要的举措来进一步地优化，最主要体现在四个方面。

第一，把做实做强中小城市作为推动城市发展的基本导向，引导有条件的乡镇转为中小城市，引导农村人口向中心城市转移，引导特大城市的主城区、聚集区的人口和相关产业由向周边中小城市疏散转移，改善空间分布结构。

第二，要促进城市群协同联动发展，强化决策定位，努力实现错位发展，并通过强有力的制度和适宜的机制由易到难推动中心城市与一般城市间的基础设施、产业体系等的对接，公共服务、社会福利等的共享，来实现城市群内各个城市的一体化发展。

第三，以国家中心城市为主体，优化提升特大和超大城市发展的质量，使之成为高品质城市和智慧性国际化大都市。同时，应严格控制国家中心城市的数量，建立能上能下的机制，设定考核指标和评估的期限，建立起对国家中心城市参与优胜劣汰的机制。

第四，以提高柔韧性为重要内容改善特大城市、超大城市的建设格局，把风险承载和化解风险的能力纳入衡量城市质量的重要标准之一，进一步处理好生产、生活、生态的关系，实现三者的有机结合和动态平衡。

通过对比武汉、杭州、郑州等城市经济数据，各地城市之间存在经济韧性差异。在抗击疫情常态化背景下以及今后的发展过程中，大型城市都要着力增强经济发展的韧性。

第一是供给侧结构要增加韧性，着力三个"提升"，即提升科技创新能力、提升微观主体活力、提升产业链水平和产业链的质量，引导企业做大做强，促进人工智能、5G，工业互联网等新技术与制造业深度融合，促进质量和效益双提升。

第二是增强需求侧结构韧性，着力三个"扩大"，即扩大投资、扩大消费、扩大开放，在提升引进来的能级和水平的同时，拓展走出去的空间。

第三是增强区域空间的韧性，着力三个"推进"，即推进城市内部多中心发展、推进乡村振兴战略的深入实施、推进与城市外部的协同发展，通过模块化达到分散风险的效应，注重在空间上保持合理的城乡结构，鼓励特大型城市发展飞地经济，既增强受援地的经济活力，也增强特大城市的经济韧性。

三、夯实黄石科创功能区的基础条件

（一）黄石发展地位的演变脉络

黄石是继武汉之后在湖北省建立的第二大城市，在"七五、八五"时期曾是湖北省第二梯队的领头羊地位，但到20世纪最后十年，黄石市步入衰退，连续十年的增速大多排在地级市的最后一位，进入21世纪的头十年来，黄石连续多年在地级市的排名为6~7名，经济总量基本处于全省中游地位。回顾黄石近30年的发展位次变化，武汉一家独大的地位持续加强，襄阳、宜昌已经占据第二阵营的位置，黄石和荆州的发展相对偏弱，目前尚排在第三梯队的排头，此外，孝感、鄂州、荆门、咸宁等城市正奋力追赶，如若再不变革，黄石在第三梯队排头的位置也会被撼动。从第二梯队的领头羊滑落到第三梯队的排头，黄石作为湖北省副中心的地位已成为历史。黄石一方面承担着努力赶超第二阵营的重任，另一方面还必须面临被第三梯队其他城市追赶的压力，对黄石而言，发展机遇和挑战将长期并存。

从上述黄石市地位的演变来看，黄石市正是通过进一步解放思想、深化各项改革，实现黄石崛起，黄石市在区域城镇化发展战略中的新定位就是基于复兴黄石的迫切需要所作出的。目前黄石市在城市化发展中所面临的困难主要是资源枯竭、产业结构调整困难、发展的空间区域受阻，而这些问题严重地制约了黄石城市化的发展。助推黄石在区域城镇化发展中的地位提升，一方面需要省政府政策上的大力支持，另一方面也需要黄石市政府通过自身努力推进黄石城镇化的发展。

2020 年以来，黄石开展了治理"慵懒软散"的"春雷行动"，全市 58 个部门公开服务承诺，取消了 120 多项收费，实现了行政审批零收费，黄石发展环境得到极大优化，全市市场主体日均增长超过 100 家，招商引资亿元以上项目同比增长 78%。特别是黄石市通过环大冶湖生态开发，并以新港物流工业园优越的港口平台为引擎，引进大批的高新产业项目落户，形成了环大冶湖生态开发区，有力推动了黄石市所辖的一市一县的城镇化发展。表面看来这些都是优化发展环境的结果，实质上却是黄石抓住新一轮改革开放的机遇，加快实施复兴黄石的迫切需要。在今后的发展中，黄石市委市政府将推动进一步强化生态文明意识，推进黄石创建国家卫生城市、森林城市、环保模范城市、优秀旅游城市、生态城市、文明城市的"六城联创"，使生态文明建设、生态产业发展、生态保护修复的要求真正得到落实，建成鄂东特大城市、提升精神区位，充分激发正能量，复兴黄石将指日可待。

（二）黄石复兴的迫切要求

当前，国际国内经济环境正经历着深刻的变化，世界科技强国建设和湖北创新型省份建设已经拉开序幕，黄石功能区建设面临着新的机遇和挑战。"十三五"以来，光谷科创大走廊黄石功能区（以下简称"黄石功能区"）深入实施创新驱动发展战略，以"五城"建设推进"五大转型"，区域创新体系不断完善，科技创新活力不断增强，科技创新能力不断提升，经济发展的含金量、含新量、含绿量明显提高，为黄石功能区高质量发展创造了有利条件。

1. 聚集丰富的创新资源要素

区域内聚集了 4 所高校，全市人才总量达 46.8 万人，其中企业经营管理人才 4.1 万人、专业技术人才 19 万人、技能人才 23 万人，拥有国家级专家 95 人、省级专家 248 人，人才资源较为密集。拥有国家级高新区、国家级开发区、国家级农业科技园区各 1 个，组建了 8 家产业技术研究院。拥有企业技术中心国家级 5 家、省级 32 家，工程研究中心国家级 1 家、省级 3 家，省级工程技术研究中心 22 家，省级工程实验室 6 家，省级重点实验室 8 家，省级校企共建研发中心 8 家。黄石科技城科创中心加快建设，建有中国科学院湖北产业技术创新培育黄石中心、浙江大学华中技术转移中心等机构，万人发明专利拥有量达到 3.2 件。

2. 形成独具特色的创新型经济

区域内重点培育了新材料、电子信息、智能装备、生命健康、节能环保、新能源汽车等新兴产业。2018 年完成高新技术产业总产值 1079.3 亿元，高新技术产业增加值 247.4 亿元，高新技术产业增加值占 GDP 比重 15.59%，位居全省第四位；2019 年前三季度高新增加值占 GDP 比重达到 22.93%，位居全省第二位。2019 年高新技术企业总数达到 296 家，纳入高新统计的规模以上工业企业达到 284 家。79 家企业入选全省支柱产业细分领域隐形冠军企业、科技小巨人企业和培育企业，8 家企业入围全省百强，12 家企业入选湖北省制造业企业百强，上榜企业数量均居全省第二。

3. 营造充满活力的创新创业生态

区域内不断加大众创空间、孵化器等"双创"平台建设力度，引导走"产业技术研究院+专业孵化器"道路。累计建设科技企业孵化器 11 家（国家级 1 家、省级 10 家）、众创空间 13 家（国家级 3 家、省级 10 家）以及星创天地 12 家（国家级 4 家、省级 4 家），形成了"众创空间—孵化器—加速器"的全链条创新创业服务体系。新创立科技型中小企业 296 家，科技型中小企业入库 316 家，位居全省第四位。累计入孵企业超过 1400 家，培育高新技术企业 30 家以上，规模以上企业 10 家。设立了 5000 万元的风险补偿资金池，联合发起了 2.5 亿元规模的"智慧空间科技创业股权投资基金"，科技金融服务体系不断完善。

4. 探索有效的创新发展模式

区域内不断创新管理体制机制，成立了黄石市创新促进委员会、黄石市创新发展中心和黄石高新技术产业投资公司，先后出台了"三零二补两免""五扣、两免、两减"等 22 条"双创"扶持政策，发布了"黄金十条"科技创新支持政策，实行柔性引才、"新黄石人"计划。进一步深化"放管服"改革，全力推进"一网、一门、一次"政务服务改革，深化"先建后验"改革试点，推出产业引导基金、航运物流等优惠政策，黄石功能区的创新环境和营商环境得到显著改善，曾被国务院发文予以肯定。连续 9 年荣获全省"科技创新驱动发展优秀市"，2018 年度在全省科技创新综合考评中位居第四位。

5. 形成光谷科创大走廊协同创新的有利态势

武鄂黄黄四地空间相连、地缘相邻、人文相亲，交通联系紧密，形成了以武汉为中心的半小时交通圈，成为湖北东部人口最密集、产业最集中、交通最便利的通道走廊。四地产业发展互补性强，汽车制造、电子信息等产业已经形成紧密的产业链条。黄石的特钢、印刷线路板、原料药等产品与武汉的汽车制造、集成电路、生物医药等产业相互配套，大冶有色、华新水泥、三环锻压、三丰智能、美尔雅等龙头企业均在武汉设立了总（分）部，形成了"研发在武汉、生产在黄石"的区域协同模式。通过新一轮市场体制改革，四地在医疗、教育、文旅、人才等市场方面政策互通、互为一体，形成了一个强大的鄂东统一市场。省委、省政府明确支持武鄂黄黄协同发展，将黄石纳入光谷科创大走廊规划建设。

四、建设黄石科创功能区的战略措施

（一）推进科技成果转化应用

1. 推动科技成果精准对接

充分利用科技部科技抗疫——先进技术成果信息共享服务平台、湖北省技术转移和成果转化公共服务平台（科惠网）、中科院育成中心黄石中心、浙江大学黄石技术转移中心等科技成果转化平台，建设科技成果、企业需求、科技项目、科技专家等数据库，积极向高校、科研院所、企业等征集科技成果，推动科技成果与高新区产业、企业需求有效对接。

2. 建立科技成果筛选机制

对已征集的科技成果进行分类、评价、筛选，遴选出成熟度高、适于转化、市场前景广阔的科技成果，定期发布优秀科技成果和技术推广目录，引导企业、金融机构、创业者等在区内进行投资转化。近两年，高新区智能装备、5G 网络产业领域科技成果转化应用重点方向如下：

（1）智能装备领域：实施"AGV 工业移动机器人等智能设备、生产线系统开发应用"项目。依托三丰智能、鼎信机电等公司开展汽车智能机器人全自动装配系统、智能焊装生产线输送系统、自动焊接机器人工作站等智能输送成套装备系统的转化应用；依托三丰小松开展智能柔性装卸车系统、超高度双深位高效堆垛机等数字化仓储系统的转化应用；依托众达智能开展智能停车AGV、立体停车库云监控系统等智能停车系统的转化应用；依托三丰机器人开展 AGV 工业移动机器人、AGV 专用控制器等核心技术的转化应用；依托东贝机电打造制冷压缩机智能制造全产业链系统平台。

（2）5G 网络领域：实施"5G 通信基础元器件及智能终端开发应用"项目。依托星光电子、星河电路、晨信光电等企业开展5G 系列智能 IC 芯片载带、多层高频线路板、终端天线、光器件、智能终端等核心技术的转化应用；依托东贝机电搭建 5G 网络基础建设和物联网信息平台；积极推动基于 5G 网络的智慧城市应用，打造一批 5G 应用试点示范场景。

3. 搭建科技成果交易平台

筹建湖北技术交易所黄石分所，完善科技成果专业化、市场化定价机制，指导科技成果所有方以挂牌交易、协议出让、股权投资等方式进行技术成果交易。广泛开展创新论坛、科博会、科交会、项目路演等交流对接活动，为成果"提供方"和"需求方"实地对接提供沟通平台。积极引进中国创新创业大赛、科技成果转化对接会、留创园项目黄石行、银企对接等重大活动落地黄石区，提升地区创新创业影响力，增强创业项目及人才聚合力。

4. 推动科技成果转化落地

不断完善孵化链条，整合孵化创业优势资源，打造"众创空间—孵化器—加速器—科技园区"科技企业全孵化链。通过源头严格选种、孵化提升质量、产业园加速成长，不断赋能，为智能装备、5G 网络等产业输送新主体，拓宽加粗产业链条。加大重大科技成果的跟踪培育力度，对完成实验室研究阶段的项目，引导投资转化方进入高新区孵化器；对完成中试熟化阶段的项目，引导其进入企业加速器或直接落地产业园，培育和扶持科技成果在高新区内就地转化。

（二）建设科技成果转移转化平台

1. 做强做优"双创"平台

加快对接武汉光谷科技创新大走廊，重点对接武汉留创园、未来城和武大华科等创新资源，做优黄石创业中心国家级科技孵化平台，做强光谷联合国家级众创空间平台。推进黄石智能装备科技企业孵化器提档升级，大力培育现有智能物流科技企业进规进高。全面激活壮大光谷联合科技城，建设现代服务业"一条街"，持续开展"黄金山杯双创大赛""工匠大赛""科技创新大会"等品牌活动，打造具有黄石特色的"黄菁汇"双创活动，构建富有活力的创新创业生态。

2. 共建重点科学研究平台

积极布局重点科学研究平台，与国内外知名研究大学和科研机构开展产学研合作，支持引进建设具有先进水平的新型创新载体，鼓励国内外知名企业、高校、科研院所在我市设立研发分支机构和高等研究院，从事竞争前技术研发，加快筹建黄石赛宝工业研究院、武汉大学黄石工研院、黄石光电工业技术研究院等研究机构。推动大科学装置和重大试验基础设施共建共享，重点在工业互联网、工业机器人、芯片技术、生命健康、人工智能、区块链、大数据等领域建设若干重大科研基础设施，积极参与国际或国家大科学计划。

3. 加快布局建设产业技术研究院

面向智能装备、5G网络产业需求，整合行业内优质资源，进一步做大做强黄石市智能物流输送装备及工业机器人产业技术研究院、黄石赛云工业互联网产业技术研究院等新型研发机构，加快筹建黄石市电子封装产业技术研究院、武汉光电研究院黄石分院等产业技术研究院，开展产业共性技术研究、中试熟化、企业技术研发服务、科技成果转化、科技企业孵化和股权投资等创新创业活动。对通过省级科技部门立项、设备投入超过 2000 万以上的产业技术研究院给予 100 万元一次性补助。

4. 建设科技成果转化中试研究基地

面向智能装备、5G 网络产业发展需求，支持高校、科研院所、企业、中介机构等机构通过升级、自建、协同合作等方式，在高新区建设一批科技成果转化中试研究基地或中试生产线，开展样品生产、技术鉴定、批量试制、工艺熟化等服务。直接引进或联合企业、高校、院所组建功能测试评价认证中心或检验检测中心，专业提供功能认证、应用场景实测等服务，重点发展面向生产制造全过程的分析、测试、检验、认证、标准计量等开放型第三方检验检测服务。

5. 壮大技术转移转化服务机构

筹建湖北技术交易所黄石分所，加大中科院育成中心黄石中心、浙江大学黄石技术转移中心等技术转移服务机构的建设力度，培育、引进和发展一批技术转移示范企业、示范机构和示范基地，加快建立"展示、交易、共享、服务、交流"五位一体的技术市场体系，推动建设国家技术转移中部中心黄石分中心。大力发展高新培育、知识产权代理、法律咨询、金融投资等服务主体，构建全链条的科技服务体系。

（三）强化科技金融支撑

1. 构建"1144"创新空间布局

根据整体统筹、集聚带动、协同联动的原则，结合黄石功能区的实际，以大冶湖核心区为核心创新源，打造一条沿江创新主轴带，发展黄石大冶湖国家级高新区、黄石国家级经济技术开发区、黄石临空经济区、黄石新港（物流）工业园区四大产业聚集区，构筑黄石科技城、黄石科学岛、黄石教育城、新港创新园四大创新节点，形成"一核、一带、四区、四点"的创新空间布局。

建设一个核心创新源。以大冶湖核心区为核心创新源，布局高水平实验室、重大科技基础设施、重大产业创新联合体等重大技术研发平台，逐步提升原始创新能力。依托光谷科创大走廊核心承载区的高水平创新平台，主动参与原始创新。

打造一条创新主轴带。打造一条沿江创新主轴带，以光谷为起点，沿高新大道及其延长线自西向东，沿江途经鄂州航空城、黄石港组团、西塞山组团、黄石新港（物流）工业园区，然后沿湖途经黄石经济技术开发区、黄石大冶湖高新区，到达黄石临空产业园，来打造横贯东西的沿江创新主轴带。

发展四大产业聚集区。一是黄石大冶湖国家级高新区。以新材料、生命健康、节能环保等为主导产业，以光电子信息、新能源汽车为新兴产业，以现代服务业为战略支撑产业，打造成为国家资源型城市可持续发展示范区、长江经济带重要的科技成果转化承载区和中部地区高质量发展体制机制改革创新实验区。二是黄石国家级经济技术开发区。发展以电子信息、高端装备制造、生物医药等为主导的战略性新兴产业，加快培育电子信息、智能制造和生物医药三大创新型产业集群，打造成为国家级开发区转型升级发展示范区、长江经济带战略性新兴产业发展聚集区和国家级低碳产业创新示范园区。三是黄石临空经济区。全面对接湖北国际物流核心枢纽，与鄂州、黄冈协同发展现代航空物流、智能装备制造、特色农副产品加工、旅游文化、电子商务等高端临空产业，实现资源聚集、产业集聚，建成中部地区重要的临空高端制造产业示范区、航空商贸物流集散中心和生鲜果品展示交易中心。四是黄石新港（物流）工业园区。以现代物流服务、新材料、装备制造等为主导产业，培育衔接紧密、链式集聚的临港产业集群，打造"一流港口、一流口岸、一流园区"，建成长江经济带重要的区域性现代物流中心、临港型先进制造业基地和对外开放高地。

构筑四大创新节点。构筑黄石科技城、黄石科学岛、黄石教育城、新港创新园四大创新节点，总体定位为重大技术研发、产业技术开发、科技成果转化、初创企业培养和新型产业涵育。

2. 设立产业投资基金

设立 3 亿元规模的"黄石战略新兴产业投资基金"，基金 60% 以上规模的资金投向智能装备和 5G 网络企业，重点支持园区内科技成果的转化和应用。鼓励社会资本、金融机构参与科技创新，引导社会资本共同组建天使投资引导基金，制订天使投资风险补偿政策。对接创业投资等引导基金，制订和落实创业投资优惠政策，吸引创投机构落户园区，激发社会创业投资活力。

3. 大力发展科技信贷

大力发展科技担保和科技保险业务，设立 4000 万元的科技信贷风险补偿专项资金，以银行贷款方式为信用良好、符合国家产业政策、生产经营正常的规模以上工业企业提供低息、无抵押流动资金支持，解决企业融资难、融资贵问题。引导银行为企业出口提供退税融资服务，为企业提供无抵押流动资金支持，解决企业出口退税资金积压、资金周转慢的问题。鼓励金融机构开展知识产权质押贷款、创新商业保理、股权质押融资、信托融资、信用贷款等新业务。

4. 支持企业多渠道融资

推动高新技术企业、科技创新型企业、专精特新企业对接多层次资本市场上市挂牌和融资，加强与国家新兴产业创业投资引导基金和国家中小企业发展基金的衔接。加大拟上市挂牌企业培育力度，建立健全后备企业库，完善全程跟踪服务机制，加大对在主板、创业板、科创板挂牌上市企业的奖励力度。支持有条件的企业发行企业债券、公司债券及"双创"孵化专项债券。加强与武汉市"投贷联动"试点银行合作，创造条件积极争取将园区列入试点范围。

（四）构建更具活力的体制机制

改革创新体制机制，构建与创新驱动发展相适应的创新治理体系，为光谷科创大走廊黄石功能区高质量发展提供动力保障。

1. 深化科技体制机制改革

强化创新治理理念，尊重市场规律和创新规律，加快政府职能转变，建立政府、市场、社会等主体各司其职、多元共治的治理模式，提升政府服务科技创新的能力。建立完善的决策咨询体系，发挥科技创新智库的作用，发展市场化、专业化、社会化的创新服务机构和组织，提升决策水平。加快地方立法进程，构建适应创新驱动发展需求的法治保障体系。深化科技项目资金管理改革，建立符合科研规律、高效规范的管理制度。深化行政审批制度改革，全面推广"一门式、一网式"、负面清单等政府服务模式，简化企业登记注册制度，构建有利于创新创业的政务服务环境。

2. 健全科技成果转化机制

健全"产学研用"对接机制，实现企业技术需求与高校院所科技供给的点对点精准对接，支持高校院所在黄建设科技成果转化基地或协同创新中心，推动建设东湖自主创新示范区黄石产业园。健全科技成果转化激励机制，设立专项引导资金支持企业开展科技成果转化，引进和发展技术转移示范企业、示范机构和示范基地，完善和落实促进科技成果转化政策措施，健全科技成果知识产权归属和利益分享机制。进一步完善企业科技特派员制度，引导科研人员通过到企业挂职、兼职兼薪、在职创办企业以及离岗创业等多种形式，推动科技成果向中小微企业转移。

3. 完善知识产权运用和保护机制

深入实施知识产权、技术标准战略，开展企业专利"扫零"工程以及高校院所知识产权推进工程，推动创新成果知识产权化，落实知识产权激励补贴政策。大力实施商标战略，支持企业参与制订行业标准、国家标准和国际标准。健全知识产权预警防范、侵权查处快速反应机制，加大知识产权司法保障力度。提升知识产权运营能力，积极探索知识产权质押融资途径和方式，推动建立产权交易服务平台，加快建设全链条知识产权创造、运用、管理和保护服务体系。

4. 建立跨区域协同创新机制

推动走廊内政策一体化，统筹协调走廊内的重大产业政策、科技政策和人才政策，保障人才、技术、资金、信息等创新要素的自由流动。建立科研设施与仪器管理和开放共享的网络信息和服务平台，实行重大科研基础设施和大型科研仪器开放共享。统筹招商引智，研究制订统一的重点招引产业项目，建立统一的招商品牌，探索统一的土地指标等要素资源调配机制，推动区域各产业平台之间协同招商。推动走廊内形成"一本总规"统领、"一套体系"衔接、"一张总图"管控的"多规合一"机制。

5. 构建国际科技创新合作体系

对接全球创新资源，融入全球创新体系，加大科技创新合作基地建设的力度，引进国内外大型企业集团、综合性大学和科研院所的先进科技成果和高端人才，进行联合技术研发，联合建立实验室、产业技术创新中心、国际合作创新园区和基地。支持企业、高校、科研机构和新型产业组织参与国际科技合作计划、大科学计划、国际标准制订。建设知识产权跨境交易平台，支持国际学术组织、产业组织等搭建创新交流合作平台，形成国际科技交流合作新模式。支持优势企业"走出去"，在境外创业投资，建立研发中心、实验基地，推动产业合作由加工制造环节向合作研发、联合设计等高端环节延伸。

（五）构筑更富魅力的人居环境

加快构建内畅外联、活力开放、生态宜居的高品质人居环境，打造生态、交通、科技、景观、人文等"五轴一体"的生态功能区，构建产城融合新格局，建设高水平宜居宜业城市环境。

1. 构建内畅外联交通圈

以武汉光谷中心城、黄石新港为两极，打造水、铁、公、空多式联运通道，建设武阳高速、机场高速、黄咸高速、大广高速新增互通等高速公路，谋划建设福银、沪渝高速铁路和武九高铁复线，建设黄石发展大道至铁山一级路、S203 沿江大道等快速通道，建设棋盘洲港区三期项目，建设武汉地铁 11 号、19 号、9 号线黄石延伸段。开通武汉光谷至大冶还地桥的城际公交（含BRT）线路，建设城区与黄石临空经济区、大冶湖高新区、黄石经开区、黄石新港园区等各组团间的快速环路，提高城市重点区域路网密度，促进各类要素的快速流动和良性互动。最终形成层次分明、无缝衔接的交通对接网络，建成 12 小时通达全球主要节点城市、4 小时通达国内主要城市、3 小时通达中部城市群、1 小时通达光谷科创大走廊的高效交通圈。

2. 营造活力开放生活圈

优化大型商业设施布局，发展新型流通业态，打造核心商圈，建设一批集购物、餐饮、休闲、娱乐为一体的大型购物中心，促进生活性服务业提档升级。优化公共服务设施网络，发展教育、文化、医养、休闲、体育、交流的公共服务设施，打造方便快捷生活圈。推进"数字黄石"和智慧城市建设，构建便捷高效的信息基础设施体系、城市管理与民生服务体系和商务信息平台，打造智慧社区。推进全域旅游，打造世界地矿科普旅游名城、中国最美工业文化旅游城市、长江旅游线上的重要节点城市和鄂东区域性旅游中心城市。

3. 塑造高品质生态环境

推进山水宜居之城建设，优化城市生态绿地布局，推进"一轴、六带、十景区"市域生态绿地系统建设，完善城市公园绿地系统布局，融合黄石山水基底，构筑"绿心—绿廊—绿楔"的生态框架模式，形成"双湖一江，青山碧水；六楔渗城，两脉通廊"的黄石生态空间结构。加快园林绿化工程建设，推进"沿山、沿江、沿路、环湖"区域园林绿化建设，提升城市公园绿地综合服务功能，加快山地公园和主题公园建设。建设沿江环湖滨水景观，提升沿长江和环大冶湖区域景观绿化水平。建设城市绿道体系，串联重要的生态地区、城市公园、文化遗迹、重要景观节点等重要生态景观节点。

第六章

依托长江经济带建设鄂东新区

在国家和省"依托长江黄金水道打造中国经济升级版支撑带"的政策文件中，注重发挥黄石市在打造中国经济升级版支撑带中，完善沿江综合交通运输体系、经济转型升级、沿江生态走廊建设、对外开放格局等方面的重要作用。在长江沿岸城市中，黄石具有区位交通优越、工业基础雄厚、对外开放潜力大、政策优势明显等突出优势，依托长江黄金水道打造中国经济升级版支撑带，应发挥黄石的重要战略节点作用，将黄石按照鄂东特大城市、长江中游（城市群）区域性中心城市、长江经济带的重要节点城市进行定位。黄石位于长江中游南岸，是鄂东门户城市，是湖北对接长三角的"桥头堡"，是国务院批准的沿江开放城市和全国重点港口城市。因此，黄石在长江经济支撑带的战略地位显著。

一、长江经济带鄂东新区建设的重大意义

（一）长江经济带高质量发展新路径

2018 年 4 月 26 日，习近平总书记在武汉主持召开深入推动长江经济带发展座谈会并发表重要讲话，站在民族复兴的时代高度和战略视角，进一步明确了以长江经济带发展推动经济高质量发展这一重大国家战略的指导思想、实践路径和根本目标，成为新时代推动长江经济带高质量发展的重要遵循。

1. 新部署：让长江经济带成为高质量发展的重要引擎

习近平总书记 4 月 26 日在武汉召开的深入推动长江经济带座谈会上的重要讲话，对推动长江经济带高质量发展作出了新部署，主要体现在三个方面：一是战略定位更高远。推动长江经济带发展是党中央作出的重大决策，是关系国家发展全局的重大战略。从"重大区域发展战略"到"关系国家发展全局的重大战略"，标志着长江经济带发展的战略定位已上升到全局高度。二是问题把握更精准。深刻分析了长江经济带高质量发展面临的突出问题和主要挑战。首先是认识层面，对长江经济带高质量发展认识的全面性和完整性亟待提高；其次是体制机制方面，生态环境协同保护等体制机制亟待建立健全；再次在发展质量上，流域发展不平衡不协调问题突出，生态环境形势依然严峻。三是高质量发展

决心更坚定。明确了推动长江经济带发展，必须坚持新发展理念不动摇，坚持稳中求进工作总基调，坚持"共抓大保护、不搞大开发"，在保护中发展，在发展中保护，严守生态红线。①

　　要深刻领会习近平总书记关于长江经济带高质量发展的新部署，必须准确理解"五个关系"，廓清逻辑体系，把握辩证关系。第一，正确把握整体推进和重点突破的关系是前提。修复长江生态环境是一项系统工程，牵涉面广，工作量大。只有坚持整体整治、标本兼治，在系统梳理隐患和风险的基础上，分类施策，统筹各类生态要素，才能把握大局，实施好生态修复和环境保护工程。第二，正确把握生态环境保护和经济发展的关系是核心。这是由长江经济带发展的地位和作用决定的，也是长江经济带生态环境可持续发展的客观要求。"共抓大保护、不搞大开发"不是不要大的发展，而是要把生态修复放在首位，立下生态优先的规矩，倒逼产业转型升级，使绿水青山产生生态效益、经济效益、社会效益。第三，正确把握总体谋划和久久为功的关系是基础。推动长江经济带发展是一项长期战略任务。要确保一张蓝图绘到底，就必须充分认识到任务的长期性和艰巨性。只有围绕既定目标，明确时间表、路线图，稳扎稳打，分步推进，久久为功，才能始终围绕高质量发展主题不偏离。第四，正确把握破除旧动能和培育新动能的关系是关键。创新能力的提升是长江经济带高质量发展的重要体现，新一轮的科技革命使得以创新生产要素为支

---

① 成长春. 探索推动长江经济带高质量发展的新路径［J］. 群众，2018（6）.

持的经济发展新动能逐渐成了引领发展的主导力量。必须通过破除旧动能和培育新动能，努力在科技、产业、模式和品牌等领域取得关键突破，推动长江经济带建设现代化经济体系。第五，正确把握自身发展和协同发展的关系是支撑。长江经济带覆盖11省市，流域沿线地区经济发展水平差异明显，涉及水、路、港、岸、产、城等多个方面。只有树立"一盘棋"的思想，运用系统论的方法，按照中央统筹、省负总责、市县抓落实的管理体制，充分发挥各有关部门单位和沿江省市的作用，才能实现错位发展、协调发展，合力推动长江经济带高质量发展。

2. 新变化：切实把"生态优先、绿色发展"贯彻落实到长江经济带高质量发展进程

习近平总书记在重庆召开推动长江经济带发展座谈会的两年多以来，长江经济带建设取得了明显的改观。

一是生态保护与修复成效显著。长江干流22个重点断面水质均符合或优于Ⅲ类标准，上海、江苏、浙江、湖北、湖南、重庆、四川、贵州8省市PM2.5及PM10浓度实现双降。南京、杭州、武汉、长沙、成都、贵阳6个省会城市首要污染物同比削减率超过2%。沿线11省市2016年绿色发展指数平均达到80.4，高于79.2的全国平均水平，并在资源利用、环境治理等7个方面保持领先。其中，浙江、上海、重庆、湖北、湖南、江苏、云南7省市生态文明建设年度排名进入全国前十。

二是自主创新能力不断提升。在布局国家级制造业创新中心的同时，加快建设上海张江综合性国家科学中心、合肥综合性国

家科学中心，支持建设海洋工程总装研发设计、大气环境污染监测先进技术与装备等一批国家工程实验室。沿线城市也纷纷出台政策，扶持"智能"产业：上海启动智能制造应用"十百千"工程；武汉打造"机器人之都"，重点布局工业机器人、智能成套装备等产业；在合肥，由工信部与安徽省政府共建的中国声谷成为扶持"智能"产业发展的落脚点。

三是转型发展提质增效。从产业结构来看，2015 年第三产业比重首次超过第二产业，实现了"三二一"型产业结构转变，2016 年三次产业结构为 8.10：42.88：49.02，与 2012 年比较，第一产业比重下降 1%，第二产业比重下降 6.2%，而第三产业比重上升 7.2%，新兴服务业的快速发展，对长江经济带的支撑作用进一步凸显。从具体产业看，重庆、武汉、合肥、南京、上海等地区的集成电路、平板显示、物联网、云计算、人工智能、大数据等新一代信息技术产业发展势头迅猛，武汉光谷在光电子产业领域发展成果明显。

四是新型城镇化建设持续推进。长江经济带作为国家新型城镇化发展战略的主战场和主阵地，坚持走绿色发展之路，在经济总量稳步增加、人均 GDP 快速增长、地方财政实力明显增强的同时，新型城镇化建设快速推进，2016 年，上海（87.9%）、江苏（67.7%）、浙江（67.0%）、重庆（62.6%）和湖北（58.1%）五省市的常住人口城镇化水平高于全国平均水平（57.4%）。

五是综合立体交通走廊加快建设。南京以下 12.5 米深水航道建设二期工程进展顺利，上海港洋山四期基本建成，宁波—舟山港一体化改革全面完成，江苏南京以下区域港口一体化改革试点工作有序推进，沪昆高铁贵昆段等一批重大工程建成运营，综合交通网络建设成效明显。上海国际航运中心加快建设，上海与浙江共同建设小洋山北侧江海联运码头取得实质进展，江海直达运输系统建设稳步推进。关检合作"三个一"已全面推广至所有直属海关和检验检疫部门，上海国际贸易"单一窗口"3.0 版上线运行，区域通关一体化成效显著。总体来看，长江经济带黄金水道功能不断提升，枢纽互通进一步改善。

六是体制机制不断完善。2016 年 1 月，覆盖全流域的长江经济带省际协商合作机制正式启动。长江下游地区的上海、江苏、浙江、安徽四省市建立了"三级运作、统分结合、务实高效"的合作协调机制。同年 12 月，长江上游地区的重庆、四川、云南、贵州四省市签署了《关于建立长江上游地区省际协商合作机制的协议》。长江中游地区的湖北、江西、湖南三省签署了《关于建立长江中游地区省际协商合作机制的协议》，同时，三省还签署了《长江中游湖泊保护与生态修复联合宣言》。长江经济带省际协商合作机制全面建立，多层次省际协调框架基本形成。

（一）协调性均衡推动长江经济带高质量发展

长江经济带要坚持以"生态优先、绿色发展"为引领，通过协调性均衡发展，推动经济发展质量变革、效率变革、动力变革，彻底解决不平衡、不协调问题，实现高质量的目标，努力建成生态更优美、交通更顺畅、经济更协调、市场更统一、机制更科学的黄金经济带。

一是协调性均衡推动长江经济带绿色发展。要促进长江生态环境协同保护。要牢牢把握修复长江生态环境这个压倒性任务，强化环境污染联防联控和流域生态环境综合治理，协同推进"三水共治"。从建立负面清单制度等方面入手，依靠最严格制度和最严密法治保护生态环境，加快建成上中下游相协调、人与自然和谐共生的绿色生态廊道。要推动区域绿色循环低碳发展。充分运用市场化手段，完善资源环境价格机制，以传统产业绿色化改造为重点，以绿色科技创新为支撑，以绿色金融为杠杆，加快形成节约资源和保护环境的空间格局、产业结构、生产与生活方式。完善复合多式联运交通系统，加快建成安全便捷、绿色低碳的综合交通运输网络。把生态文明理念全面融入长江经济带城市群建设，打造长三角世界级城市群生态体系，展现长江中游"两型"社会建设生态示范，构建长江上游生态屏障。

二是协调性均衡推动科创资源区域统筹。要建立完善联动合作机制，提升协调创新效率。充分发挥上海全球科创中心引领作用，构建跨区域创新合作联盟，瞄准智能制造装备、新能源、新材料、物联网与大数据、航空航天等高精尖的关键核心共性技术，协同开展科学研究和产业化应用示范，搭建成果转化平台。同时，加强创新资本、市场、人才等要素支持，培育壮大绿色技术创新主体，为产业转型升级提供有力支撑。要在重要节点布局世界级制造业创新中心和科技智库。在沿线十个省会城市和直辖市进行分层次、网络化布局，分阶段有序推进，打造综合型制造业创新中心，构建覆盖全流域的制造业创新网络，满足区域创新引擎发展需要。

三是协调性均衡构建现代化经济体系。要加快推动统一大市场建设。打破地区间行政壁垒，加快互联互通，推进沿江港口多式联运和集疏运体系建设，打造综合立体交通走廊，推进长江经济带产业转移、产业链对接和要素流动。支持园区共建、产业飞地等战略合作方式，推动长江经济带形成优势互补、合作共赢的新格局。要推进供给侧结构性改革。在改革创新和发展新动能上作"加法"，在淘汰落后过剩产能上作"减法"，形成集聚度高、国际竞争力强的现代产业走廊。推进工业园区污染集中治理和循环化改造，倒逼沿江产业转型升级。协同推进全流域生产性服务业向专业化和价值链高端延伸，推动制造业由生产型向生产服务型转变。依托世界级城市群建设，打造世界级产业集群，实现城市群的错位发展、协调发展、共赢发展和高质量发展。

四是协调性均衡推动形成长江经济带对外开放新格局。要加快自贸区建设。发挥沿线 11 省市与上海、浙江、湖北、重庆、四川五个自贸区重叠结合的优势，营造国际化、市场化、法治化营商环境，有序推进公共社会服务、生产性服务领域以及金融领域的对外开放，提升自贸区功能。积极打造自贸港，逐步实现价值链全覆盖式监管改革，提升开放型经济水平。要加强与"一带一路"建设衔接。建立"一带一路"环境技术交流与转移中心，支持发展海外人才离岸基地与创新平台，开展跨境绿色科技创新合作，培育国际经济合作新优势。加快高科技信息化技术与港航综合物流服务体系相互融合，打造若干无水港，推进长江大通关体制改革，提供更加便利化和无差别化的发展环境，加快建设陆海双向对外开放新走廊。①

（二）建设鄂东转型发展示范区意义

2014 年 9 月，国家正式提出长江经济带发展战略。2015 年 4月，长江中游城市群上升为国家发展战略。位于长江经济带重要节点、武汉城市圈副中心城市的黄石，迎来了新一轮重大发展机遇。2013 年 9 月，市委市政府明确提出黄石建设鄂东特大城市的战略构想，高度契合了长江中游城市群发展趋向。近年来，黄石城市发展翻越黄金山，进军大冶湖，打破行政区划"门户"，对大冶汪仁、四棵和阳新大王、太子、金海开发区实行托管，整合推进大冶湖生态新区建设，形成了建设鄂东特大城市的战略支点。"行政托管"为打破区域性发展壁垒提供了新思维、新渠道，有利于优化区域资源配置，为区域经济发展带来了新契机。

长期以来，受地理区位影响，鄂州花湖镇、黄冈散花镇与各自主城区经济联系较差，与黄石城区经济联系较为密切，受黄石城区经济辐射作用明显，已融入黄石城市发展的内核。其中，鄂州花湖镇区与黄石城区已连成一片，承接武黄高速，开发黄石房地产市场，成为了黄石城区群众的"聚居地"；黄冈散花镇与黄石城区遥江相望，中间有黄石大桥相连，建有黄石江北农场，成

---

① 成长春.探索推动长江经济带高质量发展的新路径〔J〕.群众，2018（6）.

为了黄石城区群众的"菜篮子"。有形无形的行政区域壁垒，不但影响了两地的经济建设，而且制约了黄石的城市发展格局。因此，我们要充分利用国家建设长江经济带和长江中游城市群的有利时机，大力推动鄂州花湖、黄冈散花黄石托管，整合黄石港、西塞山、花湖、散花四地资源，夹江而建、连片开发，创建鄂东新区，开辟鄂东特大城市新的战略支点，实现"双核驱动"。

1. 建设鄂东新区是推动区域经济发展的迫切需要

实施"一芯、两带、三区"区域和产业发展战略布局，是对全省区域和产业发展战略进行丰富、发展和完善，是对整体推进全省区域协调发展，推动新时代湖北高质量发展的新实践、新要求。鄂东地区作为我省传统的资源型地区，随着经济不断发展，资源枯竭态势不可逆转，经济增长乏力，对于对全省的经济贡献逐步下降，已成为区域经济发展的一块短板。建设鄂东转型发展示范区，承接国外和沿海产业转移，推动冶金、建材等传统产业转型升级，突破资源枯竭型城市转型发展瓶颈，培育形成湖北重要的经济增长极，对于推进全省区域协调发展，助力湖北高质量发展起到不可或缺的作用。

近年来，继上海浦东新区、天津滨海新区之后，湖北武汉新区、河南郑汴新区以及重庆两江新区等城市扩展板块快速崛起，成为带动区域经济发展的重要引擎。当前，黄石正处于区域经济转型发展的关键期，黄石发展急需空间，鄂州花湖、黄冈散花土地闲置多，缺乏的是技术、资金，三地组团发展潜力大。通过高起点建设鄂东新区，打造一个现代气息浓厚、生态环境优美、经济一体化水平较高的城市板块，成为区域经济发展的连接点和增长极，加快推动区域经济发展。

2. 建设鄂东新区是落实长江经济带发展战略的重大举措

推动长江经济带发展是以习近平同志为核心的党中央作出的引领经济发展新常态、科学谋划中国经济新棋局的重大决策部署。鄂东转型发展示范区，位于长江中游核心区，地理位置重要，大别山区和幕阜山区是我国长江中游重要的生态屏障和资源潜力区。在该地区建立转型发展示范区，发挥老工业基地的带动作用，增强自身"造血"机能，依托武汉城市圈两型社会综合配套改革试验区和长江大保护战略实施，转变经济发展方式、实施创新驱动发展战略，探索鄂东地区的转型发展的新路径、新模式，是助推长江中游城市群协调健康发展，推动长江经济带高质量发展不可或缺的一环。建设黄石、带动鄂东、引领湖北，是鄂东新区规划建设的主旨，黄石区域性中心城市是整个新区的发展基础和核心，关系到新区建设全局与功能提升。黄石作为长江经济带鄂赣连接线的中间点，应大力抢抓国家长江经济带建设的有利时机，积极谋求国家、省市各级层面支持，突破行政体制障碍，实行区域托管，尽快设立鄂东新区，并予以实质性推动，这样做既是贯彻落实长江经济带发展战略的切入点和突破口，又能为新区实现扩内需、保增长构建重要的平台和载体。

3. 建设鄂东新区是推进鄂东一体化的有力抓手

如果说，大冶湖生态新区是推动黄石城区、大冶、阳新一体化的平台；那么，建设鄂东新区就是推动黄石、咸宁、鄂州、黄冈鄂东区域一体化的抓手。从地理区位来讲，鄂东新区位于鄂东地区的"十字路口"，通过黄咸高速西接咸宁、武黄高速北承鄂州、黄石长江大桥东连黄冈、长江水道南伸武穴、黄梅、大广高速直通九江，发展鄂东新区可形成区域枢纽功能。鄂东区域一体化涉及交通、信息、市场、产业、人才、技术、金融、科技、文化、旅游等各个领域，覆盖黄石、黄冈、咸宁、鄂州4个地级市，人口1300余万，范围大、人口多、潜力大，在全面推进鄂东区域一体化战略的同时，必须选择重点区块，示范推进，核心突破。通过设立鄂东新区，将黄石、鄂州、黄冈结合部的几个园区连接为一个整体板块，借助长江黄金水道，统筹规划，联动建设，既可以为黄石区域性中心城市建设提供空间支持，又可以有效整合这一区域资源，促进产业同步、资源同享，吸引人口集聚、集约发展，拉开鄂东一体化建设的新格局。

4. 建设鄂东新区是建设鄂东特大城市的重要支撑

从人口角度上看，按照2014年国家最新界定特大城市人口规模是500万人以上1000万人以下，因此建设鄂东特大城市人口至少达到500万，当前黄石城区人口不到100万人，即便建成大冶湖生态新区，吸附人口也绝大多数是黄石本地人口，充其量也就260万。所以，建设鄂东特大城市成败关键在于吸附人口数量。鄂东新区地涉黄冈、鄂州，鄂州人口107万，黄冈人口731万，单就散花所在的浠水、毗邻的蕲春人口都在100万人以上，鄂东新区建成将势必有效吸附周边区域人口，那么建设鄂东特大城市人口规模就有可能超过500万。人口吸附主要取决于产业经济，建成的鄂东新区与大冶湖生态新区隔山并进、南北呼应，将极大促进产业规模发展、人口大量集聚，建成鄂东特大城市、省域副中心城市。

二、鄂东新区建设的现实基础

（一）国家政策机遇

近年来，国家大力推进长江经济带和长江中游城市群发展战略，倡导区域协作，加快开放开发，形成新的经济增长极。建设鄂东新区可以将长江变成城市内河，从而加快沿江流域城市组合发展。同时，鄂东新区上接鄂州、黄冈城区，下连大冶湖生态新区，相隔距离连点成线，有利于长江中游城市群迅速发展成型，成为武汉城市圈最为密集的城市群。由此可见，建设鄂东新区高度契合国家发展战略，推动鄂东新区战略的时机已经成熟。从国家区域发展政策来看，区域梯队发展战略正在发生转向，由原先的东部沿海转向中部地区，中部崛起成为国家优先战略，湖北将迎来发展的"黄金十年"，黄石一定要抢抓这个机遇，迅速扩大城市规模，拉大产业发展格局，建设鄂东新区势在必行。从扶贫政策来看，国家大力加强扶贫开发，黄石位于湖北省四大连片特困地区其中的两个——大别山片区、幕阜山片区的焦点、中间点，通过建设鄂东新区、鄂东特大城市，加快焦点城市经济发展，可以辐射两大特困片区经济发展，从而加快区域脱贫步伐。

（二）先行经验可循

"行政托管"的实质是行政管理权的让渡，将行政"所有权"和"经营权"分离。具体而言，就是在不改变行政区划的前提下，上级政府委托或建立某一行政机构对原属不同行政区的乡镇或特定区域的经济社会管理权限，从而推动经济增长和区域协调发展的一种行政权力和管理职能的分配模式。"经济增长是一个不平衡的、连续的动态过程。"法国经济学家弗朗索瓦·佩鲁（Francois Perroux）认为，它以不同的强度首先出现于一些增长点上，然后向外扩散，从而对整个经济区产生影响。经济增长方式的不平衡性为行政托管提供了依据和基础。当前，"行政托管"成为区域经济合作的重要形式，就黄石内部发展而言，打破行政区划建设大冶湖生态新区已成现实，发展势头很好。同时，更高行政级别间的行政托管已有成功案例，例如西安市西咸新区，咸阳市的渭城、秦都、泾阳划归西安托管，与西安原有长安、未央、户县统一建成西咸新区，西咸新区由西安管理，迅速成为"关中—天水经济区"的战略核心，极大推动了西安国际化大都市的建设步伐。

（三）地理区位优势

从地理位置看，鄂州花湖镇与黄石港区已连成一片，黄冈散花镇与黄石黄石港区、西塞山区隔江相望，距离较近，天然连成一体。从交通条件看，黄石迎宾大道衔接鄂州花湖，市内公交汽车可直达，俨然成为城区的一部门；黄石长江大桥连接黄石城区和黄冈散花，三地联通交通便利。从经济联系来看，鄂州花湖常住人口大部分来自黄石，虽然仅是一路之隔，但他们工作在黄石城区、生活在鄂州花湖，花湖经济发展高度依赖黄石城区；黄冈散花作为黄石城区农产品主要供应基地，成为了黄石人民的"菜篮子"，且散花70%外出劳动力都在黄石，散花与黄石经济发展密不可分。从自然资源看，长江、磁湖、策湖、花马湖，三地河网密集、湖泊密布，水源十分充足，为大规模产业发展、人口集聚提供了充足水源。从经济形态上看，三地产业类型各有侧重，具有很强的经济互补性。从城市基础来看，建设鄂东新区有一定基础，可能比建设大冶湖生态新区更容易。

（四）协同合作基础

鄂东地区主要城市第三产业占比均低于全省水平和全国水平。其中黄冈市第三产业占比最高为40.64%，黄石市第三产业占比为35.41%，鄂州市与咸宁市第三产业占比较为接近，分别为38.54%和37.63%，鄂东地区的城市第三产业发展程度较为相近。

图6-1中，鄂东地区各市发展存在明显区别，如黄冈和咸宁两市第一产业占比较高，而鄂州市与黄石市在第二产业中的传统制造业上的发展优于第三产业，说明鄂东地区城市发展过程中，均具有特色，可以形成区域间协同合作发展，这为城市间产业转移提供了条件，也是城市间错位发展的基础。

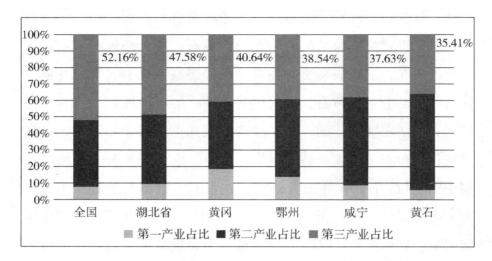

图 6-1　2018 年鄂东地区三大产业比重与全省比较

数据来源：鄂东地区各市统计公报数据

三、鄂东新区建设的初步构想

建设鄂东新区已经具备良好的硬件环境和发展基础，成为鄂东三地人民的热切期盼。因此，必须站在新的战略高度，以更大的勇气和魄力，抢抓机遇，乘势而上，推进和提升鄂东一体化发展。

（一）建设理念

鄂东新区区域主要包括黄石黄石港区、西塞山区、鄂州花湖镇、黄冈散花镇，建设将充分发挥商贸集聚、沿江水脉、资源要素和综合区位等特色优势，力争通过 20 年时间，把鄂东新区建设成为生态文明、环境友好、设施现代、社会和谐、开放包容、产业有序集聚的鄂东特大城市主城功能新区和生态田园新城，构建社会经济发展新的增长极，打造全国区域协调发展的国家级新区。

（二）发展目标

以依托、整合、错位布局、集群化发展为路径，依托现有产业错位发展，组团之间实现互补，培育壮大战略性新兴产业，发展低碳节能环保产业、高端制造业、高技术和现代服务业，构建特色鲜明的现代产业体系。一切以人为中心，土地利用集约化、城市功能综合化、生产生活循环便捷化，在大面积绿地和现代农业基调中，建设物质和精神要素密集、集成融合和和谐有序的现代立体城市。

（三）黄石的发展探索

作为老工业基地，黄石在转型发展方面的探索主要体现在：深化行政审批制度改革，"退城入园"促传统产业转型升级，积极推进临港经济发展。

1. 深化行政审批制度改革

为更好的服务企业，解决企业投资项目盖章多、资料多、中介多、收费多、审批长的"四多一长"问题，黄石变"先批后建"为"先建后验"，对符合准入条件和相关要求的企业投资项目实行"承诺预办"制——只要企业承诺在规定期限内办完相关手续，即可依法依规自主开展项目设计和施工，边建设边完善手续。与此同时，相关部门在项目施工阶段同步跟进服务和现场指导，强化过程监管，实施督导企业按时完善相关手续，并在竣工后接受验收，打破了"凡建必批"的重审批轻监管模式，将项目开工的前置手续移到开工后6个月内办理，为企业争取了宝贵的建设时间。

2. "退城入园"促产业转型升级

在促进传统产业转型升级方面，黄石将长江大保护放在首位，深入推动资源枯竭型城市转型，大力发展绿色经济，编制出台了《黄石市工业企业退城入园五年行动计划》，大力推进城区重点工业企业"退城入园"改造升级，不断优化产业布局和城市空间布局。同时，围绕产业提升价值链，推动产品迈向中高端，通过技改育新、壮大集群、深度融合，全力推进产业高质量发展。仅2018年就新增高新技术企业60家，高新技术产业增加值增长12.4%，占GDP比重提高2.4个百分点。其中，电子信息、生物医药、高端装备制造、新能源汽车四大产业对工业增长贡献率已超过30%。目前，黄石市已成为全国第三大PCB（印制电路板）产业集聚区，同时拥有国家级经开区和国家级高新区；大冶市成为唯一被国务院授予"国家高新技术产业开发区"的资源枯竭型县级市。

3. 积极推进临港经济发展

黄石市通过整治非法码头，拆除"零散小"，已初步建成了集散货、杂件、集装箱、危化品装卸和临港配套为一体的现代化码头。同时积极对接顺丰机场"1+6"公铁水综合通道的规划建设，共同打造国家级空港经济综合试验区，并通过引进传化物流项目，打造了公路港物流服务平台，为实现公路港、水运港、铁路港、航空港四港联动，高质量建设现代化港口城市奠定了坚实基础。

（四）功能布局

鄂东新区将以黄石金融商务、散花生态经济为核心，以长江黄石城区段为主轴，以黄石大道、滨湖大道、沿江大道、散花大道为次轴，通过三座长江大桥联通，辐射带动鄂东新区的多个功能区，构建"两心一带、四轴三桥、多片区"的田园城市的总体空间形态。鄂东新区将规划形成临空经济区、黄石综合商务区、矿冶文化观光区、先进制造业产业区、统筹科技资源特区、低碳环保产业区、长江景观长廊7个功能分区的功能布局。拓展枢纽功能，通过地铁、高速公路、快速路、城市轨道、大运量公交多种现代交通方式的支撑，建设新区综合性交通枢纽，实现公交方式零换乘，倡导低碳出行，实现新区和武汉国际化大都市之间、新区内组团间的便捷连接。

四、提升黄石区域战略地位的举措

目前，武汉正处于自身集聚能量的发展阶段，武鄂黄黄作为一体化的城市密集地区所集聚的能量将引领武汉城市圈的整体提升。2012年9月27日，《湖北省城镇化与城镇发展战略规划》中明确提出"武鄂黄黄"是武汉城市圈核心圈，在这一发展战略的引导下，由黄石向东对接长三角是武汉城市圈发展的主导方向，湖北正积极寻求东西拓展辐射。黄石中心城区地处长江经济带湖北段的最东段，具备诸多自身优势，其自身战略地位的提升有利于武汉城市圈从"个体集聚阶段"向"群体效应显现"阶段发展，将强化武鄂黄黄城市密集区东西两端的联系，促进城市密集区的整体发展，使武汉城市圈进入新的发展阶段，有利于武汉城市圈沿长江经济带对接长三角、向东辐射，带动整个湖北省经济、社会的发展。

（一）湖北省支持黄石区域城镇化战略地位提升的战略举措

湖北省委、省政府为提升黄石区域城镇化战略地位提供了许多政策支持，如采取多种方式破除黄石发展空间不足的制约、改革现行的城市发展评价指标体系、推动各种战略资源进一步向黄石集聚等。

1. 采用多种方式破解发展空间不足的制约

第一，通过"飞地"的建设和发展，破解黄石市空间发展的制约。"飞地"是一种特殊的人文地理现象，即隶属于某一行政区管辖但不与本区毗连的土地，通俗地说，如果某一行政主体拥有一块"飞地"，那么它无法取道自己的行政区域到达该地，只能"飞"过其他行政主体的属地，才能到达自己的"飞地"。从这个意义上来说，根据我国的行政分级，会出现不同的"飞地"，包括村的"飞地"、乡镇的"飞地"、县的"飞地"、省的"飞地"和国家的"飞地"。黄石市历史上曾有一块"飞地"就在隶属于黄冈浠水的散花镇，这块"飞地"虽处于地理、经济与社会、文化意义上的"边缘"，但通过强化对这块"飞地"的政治控制和有效管理，促使"飞地"的社会经济健康持续的发展，建构健康和谐的"飞地"地域文化，将有助于破解城市发展空间不足的制约，提升黄石区域城镇化战略地位。

由于黄石的发展空间受阻，紧邻黄石的鄂州花湖和黄冈散花目前的情况是其生产要素及其资源的集聚主要源自黄石市，此外，这两地多年来的发展较缓慢，特别是散花，城镇破败、萧条，既得不到黄冈的重点支持，又因为行政区划的限制黄石也不能给予直接的支持，影响两地的城镇化面貌。因此，湖北省政府应将两地纳入到黄石区域城镇化格局中，给予黄石适当的行政支持。

第二，通过同城化战略破解空间发展不足的制约。黄石与大冶同属鄂东南多金属成矿区，矿藏丰富，由于黄石和大冶在地域上相邻，产业结构上相似，应进一步强化区域经济发展的统一性，在资源配置、产业分工上重新定位，壮大优势企业，淘汰弱小企业，增强市场竞争力和抗风险能力，避免争抢资源、产业雷同、重复建设、恶性竞争等。因此，市委市政府通过对城市的总体规划，将黄石城区向南拓展，发展山南地区，大冶城市则规划确定城区用地发展方向，向北发展为主，积极拓展城北工业园，至此，两市城区地域边界逐步连为一体，功能分布、交通路网完全对接，部分基础设施已经完全共享，实现了同城化。

第三，通过一体化战略破解空间发展制约。黄石与鄂州毗邻，两市都有自己相对独立的工业体系，这既割断了产业间固有的内在联系，也影响了地区之间比较优势的发挥，丧失了分工与交易带来的好处，在这种格局下，会不可避免地促使两地政府为维护本地利益制定使地方利益最大化的各种制度，阻碍了两城相融的进程，也制约了黄石作为武汉城市圈副中心城市的辐射功能。因此，黄石通过一体化战略，主动寻求与鄂州的对接交融点，向鄂州延伸优势产业和链条，同时鄂州也要兼顾东西两座大门，与武汉、黄石寻求对接，促进区域经济整体发展。湖北省通过规划会商、建设合作和管理联动，两城间逐步建立起了共同的管理协调机制，大大优化了资源的配置，破解了黄石空间发展的制约难题。

2. 改革创新现行的城市发展评价指标体系

从共性上看，城市发展综合评价指标体系一级指标主要包含发展基础、经济功能、社会功能、承载功能四个方面。其中经济功能的二级指标包括总量指标和产业发展两个方面；社会功能二级指标包括就业增长、生活质量、服务水平三个方面；承载功能二级指标包括资源集约、空间集聚、生态环境三个方面。

历史上的"黄老二"从经济总量、人口数量指标看确实具备"老二"的地位，随着改革开放的发展，黄石市由于受空间制约、资源制约的影响排名退居现在的第七位，说明黄石市错过了改革开放的发展机遇。在新一轮的长江经济带开发中，又迎来了新的机遇，破解空间受阻，资源制约、产业结构调整困难的问题，振兴"黄老二"的地位，是黄石市的复兴的愿望。但从评价指标体系上看，需要对黄石的评价重新考量。

第一，发展基础指标。黄石市是老工业基地，工业基础雄厚，偏重于重工业，现代交通运输与服务业具有优势的地位，现代生态农业发展迅猛，城市功能相对完善，是生态环境优美的山水环境城市。2012年，黄石GDP总量1100亿元，排在宜昌、襄阳、荆州、黄冈、十堰等之后，排名湖北省第七位，人均GDP排名湖北省第五位，服务业增加值550亿元，占GDP比重40%。

第二，经济功能指标。黄石市推进资源枯竭型城市转型示范区建设取得成效。一是改造提升四大传统产业，做强做大黑色金属、有色金属两大传统产业，巩固提升建材能源两大基础产业。二是积极发展两大吸纳就业型产业，大力发展纺织、服装及食品饮料两大劳动密集型产业。三是大力培育四大潜力型产业集群，积极发展特色机械制造业、新材料、医药化工、电子信息等四大潜力型接续替代产业。四是跨越式发展五大现代服务业。以现代商贸、物流、金融保险、旅游文化、教育培训产业为重点形成立足鄂东，辐射赣北皖南的大宗物流、商贸和金融保险中心、武汉城市圈的休闲度假胜地、鄂东职业技术教育基地。

第三，社会功能指标。2012 年全市累计帮扶成功创业有 3.2 万人，带动就业 13.1 万人，创业对新增就业的贡献率超过 50%。黄石市人均 GDP 与省域其他城市相比处于中等水平，而独特的山水自然园林风貌是理想的宜居城市。黄石市开展"四级联创"，搭建创业服务平台，实施"五大工程"，培育创业市场主体取得了显著成效。加强公共服务建设，积极完善帮扶创业的各项服务机制，服务水平明显提升。在城乡一体化建设中，城镇化率达 60.1%，排在全省第三位。

第四，承载功能指标。资源集聚方面，黄石市是全国 53 个重点港口城市和 133 个客货主枢纽城市之一，是湖北对接"长三角"的"桥头堡"，是湖北长江经济带的重要支撑和重要增长极，有利于城市发展资源的集聚。生态环境方面，自然的环境是东面临江，南面环山，中间抱湖，风景秀美。生产生活的生态环境加大了高新技术产业的集群式发展，突出产业的生态环保，对于城乡公共服务设施的建设及现代生态农业的开发成效显著。生态环保理念深入人心。总之，单从经济总量指标和人均 GDP 指标的比较，黄石市处于中等水平，但是，从区位优势、环境优势、人文优势、城镇化率及公共服务等指标来衡量，黄石市仅次于武汉市。

3. 推动战略资源进一步向黄石集聚

湖北省政府应给予黄石市各种支持政策和措施，推动战略资源进一步向黄石集聚，提升黄石区域城镇化战略地位。主要有以下四个方面：第一，土地资源是最重要的发展战略资源，由于黄石市土地资源发展空间狭小，再加上资源枯竭型城市的定位，对于黄石招商引资、发展产业集群都有很大的制约，因此，省政府要破解土地资源制约黄石城镇化发展的难题。第二，人才资源是生产力发展中最重要的要素，黄石市是个老工业基地，工业技术人才优势明显，同时，教育资源优势在湖北省仅次于武汉，但是受制于黄石的发展，人才外流严重，因此，省政府应加大对黄石市人才资源保障的力度，最重要的是加大财政支持。第三，信息资源是新时期经济社会发展重要的战略的资源，从黄石在长江中游城市群中的区位来看，通过黄石港口的引擎推动，未来依托长江黄金水道，将于其他城市形成广泛的合作，这就需要湖北省政府与其他省政府之间的合作共建、信息共享，黄石也就成为当然的信息资源共享城市。第四，物流资源集聚显示出一个城市的发展水平，目前黄石新港物流工业园区是推动整个黄石城市化发展的重要引擎，其规划的目标对未来黄石的发展将是一个质的飞跃，而目前，黄石新港物流工业园区在建设的过程中，前期投入的资金缺口较大，特别是公共服务资源的建设更需省财政的大力支持。

（二）黄石助推区域城镇化战略地位提升的保障措施

在中部崛起的背景下，武汉城市圈及黄石已成为政策机遇叠加的高地，也是我国推进新一轮工业化和城镇化的重点区域和内需增长极具潜力的区域。在这重要的战略期，黄石市委、市政府合理规划布局，为崛起战略提供了不少政策支持，为保障黄石城镇化战略地位的提升给予了巨大的推动力。

1. 合理规划未来交通布局，强化交通枢纽地位

基于路网系统的现状，为进一步实现与鄂州、黄冈的同城化发展，并在此基础上进一步融入武汉城市圈，应合理规划未来交通布局，强化交通枢纽地位，与周边腹地范围内的城市交通廊道相衔接，最大限度地放大区域交通枢纽地位，形成交通设施的"组合放大效应"。具体来说，从以下三个方面着手：第一，依托黄石国家经济技术开发区、黄石港工业园区和环磁湖商贸区的产业基础及其位于黄石长江大桥、鄂东长江大桥以及大广高速和沪渝高速交界处的核心区位优势，形成"桥头枢纽——区域商贸组合区"。第二，依托大冶城区、大冶城北工业园区和黄金山新区的产业基础，以及位于大广高速和106国道交界处、罗桥火车站的区位优势，形成"罗桥枢纽——先进制造组合区"。第三，依托黄石新港物流工业园区、西塞山工业园区的产业基础以及公铁水联运的棋盘洲综合物流中心的区位优势，形成"棋盘洲枢纽——综合物流组合区"。

2. 准确调整城市发展方向，拓展城市发展空间

根据《黄石市国民经济和社会发展第十二个五年规划纲要》要求，黄石要调整城市发展方向，拓展产业空间布局，在核心区层面分为近期重点突破产业园、省级产业园区和规划新增产业园区。具体来说，重点突破产业园包括三个片区：一是黄金山新区，该区要以基础设施建设为主转向产业项目建设为主，全力推进招商引资，做好项目落地工作，加速产业、企业、项目向园区内集聚。大力发展绿色、低碳和高新技术产业，重点发展以新材料、

节能环保、电子信息和装备制造为重点的先进制造业，适度发展防止服装、视频饮料等劳动密集型产业。二是团城山和花湖片区，在团城山建立起全市政治、文化中心和金融、教育、商务等高端服务业中心、高新技术产业支点；加快花湖综合物流区发展。三是黄石新港物流工业园，按照"区划不变、市县共建、总体规划、分步实施、封闭运行、职责明确、利益分享、共赢发展"的原则，完成港区15万平方千米起步区建设，将其建成现代港口、现代物流和对外开放的承载平台。省级产业园区则包括大冶经济开发区、阳新工业园、黄石港工业园、西塞山工业园、下陆长乐工业园和灵成工业园。通过上述举措，对市域产业空间布局的规划和打造，使黄石成为承接国内外产业转移基地、特色工业集聚地、高新技术产业集聚区、武汉城市圈和区域现代物流中心。

3. 通过实施重大项目，强化产业资源集聚

经过长期的发展，我省各市州已形成一定的产业分工格局，大致分为五大区域：一是武汉，其产业门类较为齐全，制造业、服务业发展均较为领先。二是鄂东南区域，包括黄石、鄂州、咸宁，形成以冶金、机械、纺织、建材、流通、交通为主的产业格局。三四鄂中南区域，包括荆州、天门、潜江和仙桃，该区域纺织、食品和农副产品加工产业发达。四是鄂西北区域，以襄阳、十堰、随州、荆门市为主，主要发展汽车、纺织、化工、特色农业和旅游业。五是鄂西南区域，包括宜昌和恩施，以能源、旅游和农产品开发为主要特色。

湖北省各市州产业具有趋同性，由于受到行政区域划分的限

制，各市长期在条块分割下独立发展，在主导行业选择和发展方向确立上缺乏统一分工和宏观指导，城市圈未能实现区域内产业布局的一体化，因此我市通过实施重大项目，强化产业资源集聚，将分散和非专业化的生产集聚起来，提升资源的投入产出效益并增加产品竞争力，这种通过实施重大项目整合各种资源，在地区内高层次的横向联系中强化产业资源集聚效应，带动相关产业配套和专业化的分工协作，使资源得到有效配置，大大提高了企业的经济效益。

4. 发展现代农业，推进新型工业化

推进新型农业现代化，构建现代农业产业体系。就是要运用现代科技、物质装备和先进的管理技术改造和提升农业，以优质粮食和生态农业为重点，以农业产业化集群为载体，转变农业发展方式，实现传统产业向绿色、高效、生态、安全的现代农业转变。按照"种植业建板块、畜牧业建小区、水产业建片带"的思路，重点建设蔬菜、畜牧、水产、林业四大优势农产品产业带，苎麻、油茶、黑芝麻、螃蟹、家禽五大特色农业产品基地，大力发展高产、优质、高效、生态、安全的特色农业。具体说来，在种植业方面，要积极推进农村土地流转，大力推进粮食生产适度规模经营，加快发展优特蔬菜产业，重点建设连片面积在一千亩以上的优特蔬菜基地，大力发展苎麻生产，改良苎麻品种；在林业方面，要大力发展园艺、林特产业，发展花卉、苗木、优质油茶作为农业产业化的新支柱产业；在养殖业方面，要大力发展优质高效的畜牧、水产业，集中在大冶灵乡、陈贵、还地桥、阳新白沙、富池等地建设一批标准化生猪、家禽、水产养殖示范区，实行专业化、规模化、集约化经营。

推进新型工业化，构建高效生态产业体系。就是要按照生态建设和经济发展协调推进的要求，把加快产业转型升级放在更加突出的位置，以产业集聚区、商务中心区、特色商业区为载体，促进工业和服务业的融合发展，充分发挥现代服务业在拉动经济增长和吸纳就业方面的重大作用，调整服务业内部结构、拓展服务产业功能、优化服务业空间布局，重点发展旅游业和现代物流业，逐步将黄石建设成为"鄂东、赣北和皖南的区域性物流中心城市和武汉城市圈休闲度假胜地"。此外还要积极发展环境友好型工业，着力培育新能源、光电、新材料等战略新兴产业，坚持规划引导、技术引领、重点突破、壮大规模，尽快形成新型支柱产业。大力发展新能源产业，坚持绿色、循环、可持续发展理念，以国家新能源高技术产业基地为载体，构筑新能源的新型产业链，打造全国重要的新能源研发制造基地。

5. 努力建设生态城市和循环经济示范市

按照生态宜居型城市的新定位，构建中心城市、县城、小城镇与新型农村社区协调发展的现代城镇体系，坚持生态立市、产业强市的理念，努力建设生态宜居城市和循环经济示范市。具体来说，从五个方面来把握：第一，把坚持生态立市贯穿到发展的全过程。树立全域生态化的理念，把黄石作为一个大生态区来规划，打破生态建设条块、区划分割，全面统筹城市和农村、流域中下游，产业链全过程的污染治理和生态保护。第二，把发展生态产业作为生态立市的根本，始终把发展放在首位，按照生态的要求，在更高质量、更高层面上加快跨越发展。大力发展生态工业、生态农业、生态旅游业、现代服务业、文化产业和资源循环利用产业，积极引导采矿企业转型转产。第三，在发展中做到"不欠生态新账、多还生态旧账"。做到"闭坑一座矿山，还一篇绿水青山""砍伐一棵树，补栽十棵苗"。第四，强化生态环境保护执法，组建环保警察队伍，把工作触角延伸到各乡镇、工业园区，督促落实环保规范要求。第五，建立健全生态立市产业强市的体制机制，建立强有力的组织协调机制、生态产业发展和生态建设绩效评价机制、生态建设多元化投融资机制、生态补偿和激励机制，为生态立市产业强市提供支撑。